VALTE VUNGSONG - KA PA' TANCHIN LEH A LAIGELHTE KHENKHAT

VALTE GINKHENPAU

Copyright © Valte Ginkhenpau
All Rights Reserved.

This book has been published with all efforts taken to make the material error-free after the consent of the author. However, the author and the publisher do not assume and hereby disclaim any liability to any party for any loss, damage, or disruption caused by errors or omissions, whether such errors or omissions result from negligence, accident, or any other cause.

While every effort has been made to avoid any mistake or omission, this publication is being sold on the condition and understanding that neither the author nor the publishers or printers would be liable in any manner to any person by reason of any mistake or omission in this publication or for any action taken or omitted to be taken or advice rendered or accepted on the basis of this work. For any defect in printing or binding the publishers will be liable only to replace the defective copy by another copy of this work then available.

Contents

Ka nu ittak phamsa
NIANGVUNG
(1949 – December 9, 2008)
leh phamsa ka u ittak
VALTE VUMZAMUAN
(May 2, 1973 – November 4, 2004)
phawkgigena ding in.

PULAKNA

VALTE VUNGSONG - **Ka pa' tanchin leh a laigelhte khenkhat** kichi laibu suahkhe thei ding a ka om man in kipahhuai ka sa hi. Hiai laibu sung a thu tamzawte pen ka pa Valte Vungsong mahmah in kum tamkhop paita a a khut ngei a a na gelhkhiak ngiatngiat thute ahi. Khutgelhte computer a ka gelhkhiaksak nung a a laibu a bawlkhe thei ding a phalna hon pia ka pa tung ah kipahthu ka gen hi. Ban ah, hiai laibu a tuansak ding a thu hon gelh ka ute tung ah kipahthu ka gen nawn ahi. A lianpen in ah, suahkhiak theih ding a tanchin nei thei "Pa" hon petu Pathian' min ka phat a, thupina tengteng Amah ka pia hi.

Ka pa Valte Vungsong' minphuahte ahihleh (Ph) Songzachin p/m (Ph) Valte Zamkhanpau, Songkhozam p/m (Ph) Valte Hauvum, Songmuansiam p/m Valte Daikhanlian ahi.

Hiai laibu ah ka pa'n amah tanchin a gelhte leh Homoeopathic damdawite toh kisai a thugelhte hong tuang masa a, huai zui in ka ute thugelhte tamlou om hi. Atawpna leh azohna ah ke'n ka nu leh ka pa toh kisai ka gelhte hong tuang nawn hi. Ban ah, hiai laibu sung a lamtom kizangte' lamsau hiaibang ahi: p/m = pa min, t/m = tapa min, ps/m = pasal min, z/m = zi min, Ph = Phamta.

Bangteng hileh, amah tanchin sim ut zokta ding na hih man un tampi gelh nawn lou in lutsuk pah ni.

Valte Ginkhenpau,
Nisim: Imphal
April 1, 2022

Thumakai

Ka pa Valte Vungsong ahihleh tamtakte'n 'Pa Song' chi in a thei ua, khenkhatte a ding in 'Pu Song' ahi hi. Sepaih a panlai in bel 'VS Paite' chi in theih in om a, a nung lam a Homoeopathic damdawite zuak a a vial zinzinna lam ah 'Hawmpatik Daktol' hiam ahihkeileh "Kiangke Min Zuakpa" chi in leng theih in om hi.

A tuailai hunte in damthei thou mahleh a sepaih pan nung in a damtheihna hong kisia in, zi-le-ta a neih nung ngial in tamveitak sihsual in damlou in om sek hi. A damtheih louh ziak mah in, ka nu Niangvung in 2008 kum a hon beisanlai leh a nung nasan in leng a na zakha khenkhat in ka pa'n hon beisan sa in hon dongkhial sek uhi. Hamphathuaitak in ka pa' damtheih louhnate pen ka nu'n pawmang ahi ngei ding a, a om louh nung in ka pa hong damthei vanglak hi. Pathian' min i phat ahi!

Ka pa' pa ka pu ahihleh Valte Zamdai ahi. Ama'n a zi masa a na khuai nung in zi nei nawn hi. Ka pu in a zi masa Langpam (Tonsing tanu) toh tapa nih leh tanu nih mah nei a, huaite tuh Valte Hauvum, Zenkhoniang, Valte Zamkhotuan leh Ngemzaching ahi uhi. A zi nihna Zenngai (Tonsing tanu) toh tapa nih leh tanu nih nei a, amaute tuh Valte Vungsong, Valte Zamkhanpau, Dimman leh Ningkhoman ahi uhi. A gendan un, ka papi Valte Hauvum tuh mihehpihna hau leh mi awlmohna nei mahmah ahi a, a mel mu in kihoukha zek sam mahle ung omna khua kikhat louh man in a damlai in ka houlimkha tam kei uhi. Ka ni Ngemzaching pen nungaknou ahihlai a si ahihman in amah leh a min pen tamtak in mangngilh uhi. Himahleh Pi Vungman t/m Ginkhanmang Tunglut leh Pi Damzaching @Pi Sennu t/m Thangzagin Guite in a mintawn natan a hon hilh theih man un a tung uah kipahhuai ka sa hi.

Manipur a om Churachandpur District sung a Aibulon khua a piang ka pa tuh nekzonna ding toh kisai in 1965 kum in Indian Army ah luut in Medical Corps ah kum 7 vel sem mahleh damlouhna ziak in a sepna apan tawp hi. Sepaih a pan sung in Homoeopathic damdawi zilna ah Master of Science in Homoeo (MSH) ban ah Doctor of Medicine in Homoeopathy (MDH) chihte sangtak in zoukhia a, Gold Medalist hihna leng ngah hi. 1970 kum in ka nu phamta Niangvung toh Aibulon khua ah Evangelical Convention (tua Evangelical Baptist Convention kichita) saptuam daan in kiteng uhi. Kum 1977–1979 kikal vel in ama'n zoudawn lam ah naktak in Homoeo damdawite zuak in vakkual hi.

Kou unau, a biiktak a Valte Vungsong' tate ka hih uleh unau pasal 4 leh numei li ka hi uhi. A upapen apan a naupandan zil in hiai teng ka hi uhi: Valte Vumzamuan (zi nei lou a hon paisan), Zamngaihlian ps/m Tombing Thangzakap, Valte Daikhanlian z/m Manparkim, Valte Ginkhenpau z/m Melody Chingbiakkim, Ngaithianvung ps/m Guite Thangnunmuang, Zambiakhoih ps/m Khuptong Pauchinsuan, Valte Pausuanthang z/m Ningmuankim, leh Manngaihnem ps/m Langel Nangmangsiam. Tulel in kei pen Imphal ah ka om a, Manngaihnem pen Jiribam District a Buangmun khua ah pasal nei in om hi. Ka sanggam dangte ahihleh Lamka khopi ah khosa uhi. Hiai thu gelh a hih tan in ka pa'n amah khaal apan suakkhia tu 19 mel muta hi.

A upa lua hikei mahleh ka pa'n amah pian kum diktak theih haksa sa in gen thei chet lou hi. Japan Gal (2nd World War) a eimi galdou ding a kuante' kuankhiak lam thei chet kei mahleh a hong kik nung thu uh tamtak thei a chih man in ka pa tuh 1938 vel a piang hi ding in hisap uhi.

-Laibu bawltu

Ka Pa Valte Vungsong' laigelhte

I

KA NAUPANLAI HUN KA THEIH PAWLKHAT

"...ban-atte hong pai uh...":

Aibulon kho lui "Sakhuan Vum" a kichihna pen a a teenlai ua piang ka hi a, kou inn bel kho taw lam a luikhuk naak khungtak ahi. Ka innkong uah u Chinmai-te teeng ua, zawngtah kung leng khat om hi. 1942 vel a diam ah, huailai in ban-atte (sumphuk daalna) hong pai uh chih lamtak leng ka thei hi. Amau ban-atte gendan in bel Aibulon khote ka damtheih louh luat ziak uh pen luikhuk naak a a kiteen ziak ahi chi ua, a lui taw lam a kituahsuk ding in hon sawl uhi. Hiai hunlai in khua ah inn 15 vel lel khawng kiteeng hi.

Ka neulai thu ka theih det khat ahihleh saapte (mingoute) Sub-Divisional Officer (SDO) khat in hong veh ni ahi. Huai hunlai bel British-te'n India a uklai hun uh ahi a, mingou saapte kimu ngei nailou ahihman in mu ut in naupang hon ka kithalawp mahmah uhi. Ei bang lou a ngou vialvual uh ahihman un lamdang ka sa mahmah mai uhi. A hong zinlai un Aibulon gam a Bangla Chiang kichihna mun ah Hausa lamte leh a utut a va dawn ding in kikuan hi. Hausate'n saappa vaidawnna ding in um a kibawl zuthawl lianpipi bangzahhiamtak pua uhi. Huai hun a SDO hong hoh pen mingoute hi a, a na vaidawntute'n sialki in huai a zu puak uh a na dawnsak sawm in a kam ah tulh uhi. Himahleh saappa'n a gim a zak phet a thalh pah inchin dawn ut lou. Huai thu ka ngaihtuah kik chiang in leng, tuni tan in ka nuih a zalai hi.

A dang ka theihgige khenkhat ahihleh, sa-aih khawng leh ton hun khawng chiang a zubel teep seng louh tampi omte khawng ahi. Huai zute bel sialki zang in dawn sek ua, papite'n naupangte khawng hon khem zel ua, "Bawi, hong pai dih. Khum-a-khum ahi, dawn in," hon chi sek uhi. En lah lim leh khum taktak ding kisa in hon tulh chiang ua kidawn. A huchih chiang a naupang honte zukham a buai-a-kibuai mai. Ka ngaihtuah kik chiang bang in nuihzathuai ka sa mahmah hi.

Huchibang nite chiang a zu tam petmah a tam ahihman in naupangte hon sam ua, hon vandaksak in i kam ah hon sungsuk zel uhi. Hichia a tawmpen a nihvei, thumvei khawng a hon hihsaksak chiang ua kikhamzak mai. Amau dawn seng lou ahihman ua, buak gaih hial ding lah pammaih sa uh hi ngei ding hi ven, naupangte hon tulh sek uhi. Huchia naupangte'n a kikham chiang a zukham khawng a kipuk nopnop sek mai.

Gal-aih ahihleh ka theikha man zek a, himahleh ka thei tam kei. A gal-aih tawpna uh ka theih khat bel a om hi. Mizougam (Mizoram) lamte toh kisai hi in ka thei a, Luseite bel a hih tuak kei ua, Pawite hi maithei ding un ka gingta; Pawi gal kichi bang leng om hi ven. Gal a aih chiang un a salmatte uh sial khawng, vok khawng, sa (gan) tampipi gou sek ua, kal khat sung khawng bang sa kinene maimah hi.

"...British-te ukna nuai a omlai...":

Bang gal om ziak hiam chih bel ka thei kei a, himahleh kou hon suangtute pen Tedim (Burma/Myanmar) lam apan Mizoram (India) a Sialkal Tang lam hong luut ahi uhi. Ka theihdan in, a Tedim pau zangte bel a hong taikhe tam kei ua, himahleh hong taikhete pen Lamzang pau zang lamte hi zaw tangpi uhi. Mizoram a Pawi gal a hong om nawnleh huai apan Manipur (India) lam hon zuan ahi uhi. Huailai bel British-te ukna nuai a omlai ahihman in Mizoram leh Manipur chihte piang nailou hi. Himahleh tulai ate'n a theihsiamna ding ua Mizoram leh Manipur chi a ka hon gensuk mai ahi. Huailai in eilamte'n a singtang gamte tengteng Khamtung Gam a na chisuak vek mai lel uhi.

"...buktehsiat kimawl nuampen":

Ka neulai in kibuktehsiat kimawl nuampen ka sa. Nuam ka sakna ziak ahihleh, a tawlhuai lua chih ding om lou in a kibu ding om a, a zongtu ding khat om lel mai hi. A khente khinpi tung khawng ah kibu in, hon zongtu in hon mukhe zou zok lou sek inchin nop-a-nuam aka.

Kimawlna dang khenkhat ahihleh kibuan chih khawng, sa kineih a kihawl kawm a thau a "pung, pung" chi a kikaap lem kineih chih khawng, leh a dangdangte bang leng tuh kimawlna nuam pawl hi in ka thei.

II

AIBULON APAN MISSION COMPOUND AH

"...Mission-te hon chawmna...":

Kum 1956 in Aibulon khua ah Class II ka sin a, kum tawp exam pen Hanship ah ki-exam hi. Kaihlam nuai a Mission L.P. School teng in Hanship M.E. School ah ki-exam khawm vek hi. Class IV tan Hanship ah ka exam a, huai nung in kou khua Aibulon a leng Mission in M.E. School tan a hon piaktaak ziak un Class V leh VI kou khua ah ka exam theita hi. Huchi in kum 1960 in kou khua ah Class VI tan ka zou hi.

Kum 1961 in Class VII sim ding in, leh Mission-te hon huhna (chawmna) mu ding in huailai a Mission Compound a Khristian High School a Headmaster apan sapna ka ngah hi. Tua hunlai in Mission school exam centre-te a exam-te lak ah Class VI passed-te lak a a sangpente Mission Compound a Khristian High School a kai a Mission-te'n chawm di'a a sap zel uh ahi. Huai kum in Mission-te chawm school naupang za-leh-sawmnga khawng ka hi uh. Headmaster in T. Jamkhothang pang a, a nuam mahmah mai hi.

Kum 1963 kum in T. Jamkhothang pen America a a hoh ziak in Headmaster hihna T. Liankhohau khut ah in-charge pekhia hi. Tua hunlai in T. Liankhohau pen in B.A. passed nailou hi. Nihvei, thumvei bel exam-ta sam zaw ahi. Hilehleng hiai school a semte lak a a senior-pen a hih ziak in midang graduate-sate sang in ama'n Headmaster nna a tangkha hi. Huailai a ka teacher-te uh T. Thangzamang, T. Vungdouthawng (Vung D. Tombing) chihte a siamthei mahmah ua, a nuamthei mahmah mai hi. Hilehleng ka school-pu lianpa uh toh bel ka kingeih peuhmah kei uhi.

"...parade siam lou...":

Kum 1963, August 15 ni a Independence Day ni a Lamka Football Ground a Parade neihna a Contingent khat a tel ding in sepaihlaam (parade) hon hah sinpih mahmah uhi. Ka Hindi teacher-pa uh Khualsiam pen Instructor ahi a, amah Army a Havildar pensioner leng hi inchin, sepaihlaam sinsak tuh a siam petmah zetzet mai hi.

Sepaihlaam zilna a tel chiat ding pen aloutheilou in Class IX leh Class X naupangte, numei-pasal tel chiat ding chih ahi hi. Ban ah, school uniform neih chiat ngeingei ding chih thupiak khauhtak mai tuh Class Room teng ah theihsakna lai Headmaster-pa min in Chowkidar-pa'n hong hawm tamai hi. Kei lah parade siam lou, order lah khauh. Uniform leina ding lah nei lou, thupiak lah khauh mahmah ngal. Parade hun teng a lah uniform nei leh nei lou etchetna neih hi gige mai; i zawn hon selphou ding lel a. Sepaihlaam a ka laam chiang a lah lawmte toh khutvei kituak thei mahmah lou. Amau a khe taklam uh malam a a suan chiang ua a khut veilam uh malam ah vik uhi. Ke'n ka khe taklam ka malam a ka suan chiang in ka khut taklam leng malam ah na kiveiphei zel a, mi a toh kituakmoh zen hi.

"...*Class apan hon hawlpawt gige...*":

School uniform nei lou teng exam thei lou ding chih order khauhtak mai hong kisuahkhum nawn zel. Zing teng a parade chiang a "uniform nei lou teng 'hiailam ah' hiam 'huailam ah' hiam hong paikhia un" chi a miteng muh a field lai a alang-alang a vialkaih a ki-om tamai. I vuallak a i zumna lah sel theih hita lou. Akhenchia khasiathuai sa; akhenchia thangpaihhuai sak a om. Uniform lah kinei zou nai tuanlou. Exam-na ding lah nai deuhdeuta. Uniform nei zou lou bel kei kia hi sam lou in midang li leh nga leng om sam uhi. Zing teng a ka Headmaster-pa un inn lam a pai di'a hon sawl gige maimah! Kou lah pai ut tuansam lou. Ama'n lah, "Omomle uh chinle hon ki-exam-sak tuanlou ding ahi," chi a Class apan hon hawlpawt gige maimahta. Ni khat hichibang a Class a kipan a hon paikiksak gige ziak in ka lawmte'n, "Niteng a Headmaster-pa'n 'na puanlom uh zial unla inn lam ah pai un' chi a hon hawlkik gige mahmah leng zak chimtakhuai lawta. I lawmte lak ah leng zumhuai gawpta; inn lam a pai mai ding hi," chi in a puanlom uh zial sauhsauh uhi.

Ke'n tuh pai ka sawm tuankei a, ka lupna tung ah ka kingaitou a, ka lawmte kiang ah, "Nou leng om maimai phot un," ka chita hi. "Eite Mission-te chawm ding a sapna lai mute i hi ua, Mission chawm i hi uh. Hiai a i Headmaster-pa uh hon chawm i hi zenzen kei uh. Mission-te, USA apan saptuamte'n stipend a hon piak uh ahi. 'School uniform na neih zoh louh ziak un stipend a beita' a hon chih ualeh huai chiang in i pai ding uh. Hon chawmtute tung ah bangmah hihkhelh i nei zenzen kei uh. School daan kalh leng i hi zenzen kei uh. I zawn man lel uh ahi. Mission-te'n leng ei bang mah a a zawngte mah ahi a panpih ut uh.

Mi hausa, uniform khawng a kichei zoute kia chawm nuam a hikei uh. Huaichia'n, ei hon chawmtute'n uniform i neih poimoh sa hile uh hon pe ding uh ahi. Huaiban in, amau leh ei kal a thunei ding Headmaster-pa sang a lianzaw hiai a Compound Superintendent leng om a hih chia'n amah thu leng ngaihvenlai phot ni," ka chi hi. Huai hunlai a Compound Superintendent bel Pu H. Nengzachin ahi a, a nop mahmah hi.

Huchi in a pai om lou in ka om vek uhi. A nung sawtlou in 'uniform nei nailou teng in kiloh a sum zon ding, huchi a nei lou teitei a omleh exam thei lou ding' chih thu hong om nawn leuleu hi. Ka lawmte kiloh sauhsauh ua uniform lei zou pah chiat uhi. Ke'n bel kilohna ding ka mu zou naikeilai hi. Hilehleng inn lam ah paikik bel ka sawm tuankei hi.

Huailai in ka teacher-te uh lak ah Kerala-mi C. Samuel kichi khat om hi. Amah subject laak tuh P.A. (Public Administration) ahi. Hiai subject pen kei lunglutna lamtak ahi a, exam chiang in mark ka hoih muh thei mahmah hi. Huaiziak in ama'n leng hon deihsakbawl mahmah hi. Ka teacher-te uh lak ah "Sir" chi a ka sap uh omsun amah ahi hi. Teacher dang omte bel "Sir" chi lou in "U" ka chizaw uhi. Ka Headmaster uh T. Jamkhothang bang leng "U Jampu" ka chi mai ua, school a kingetna ka gelh chiang un bel "Sir" chi in ka gelh sam uhi.

"...Uniform ka nei kei, Sir":

Zingkal khat ka school-pute uh khat in ka kiang ah, "C. Samuel in 'Vungsong hong hoh heh' a chi a va hoh in," hong chi hi. A denlam chiang in ka Hostel ua ka Monitor-pa un ka kiang ah, "Sir Samuel in 'school kai a hong kuan chiang in ka inn uah hong baang masa heh' hon chi ahi," hong chi nawn hi. Huchi ahihleh chi in kei leng School kai ding in ka kuan pah hi. 'Bangthu hi mahmah ding a hia?' chi a ngaihtuah kawm in a inn uh ka tung hi. Zakta sim kawmkawmpi in kong ka va kiu hi. Kong hong kihong a, ka lutphei a, Sir-pa ka 'wish' phei hi. Ama'n leng, "Oh! Vungsong, you come? Take your seat here," ("Oh! Vungsong, hong pai maw? Hiai ah tu in") chi in bench hon kawkmuh hi. Ka tu pah hi. "Have you no uniform?," ("Uniform nei lou mo?") hon chi a, ke'n leng, "I am sorry. I have no uniform, Sir," (Hon ngaisiam in. Uniform ka nei kei, Sir") ka chihleh ama'n, "Don't worry. I will give you. Take this shirt and long pant. There is the shoes also but the shoes may be too large for you. But test it," ("Patau kei in. Ke'n ka hon pe na ding. Hiai puanak leh khekol tawi in. Khedap leng a om a himahleh nang aa di'n a lianlaw diam ah. Kiteh himhim leteh") a hon chi hi.

A khedapte bel ka etlel mai in leng a lian lua chih ka thei khin hi. "Thank you very much, Sir. I shall buy the shoes at Lamka," (Ka nak kipah lua e, Sir. Khedap pen zaw Lamka ah ka lei mai ding") ka chi hi. Ama'n, "Take this shirt and pant. May God bless you," ("Hiai puanak leh khekol tawi in. Pathian in hon vualzawl hen") chi in khekoltawn leh puanak hon pia hi. Ka saang a, ka kipah luat ziak in ka khitui hong luang a, ka aw bang hong liin ziak in kipahthu leng ka gen thei kei zezen hi. Ama'n hon theisiam mahmah hi. "God will supply your needs. Don't lose heart. You can seat in the final examination. Be well prepared for the annual examination. God will help you succeed. May God bless you!," (Pathian in na poimohte hon pe na ding ahi. Lungke ke'n. Final exam ah na tu theita ding. Kumtawp exam-na a ding in hoihtak in kisakhawl in. Lohching ding a Pathian in hon panpih ding ahi. Pathian in hon vualzawl hen") chi in hon paisak hi.

Mission Compound a kum thum ka om sung in kuamah lak ah panpihna ka mu ngei kei a, himahleh hiai theihngeilouh namdangmi lak a kipan a ka muh, ka poimohlaitak a ka kuul zah ka muh pen kipahpih law mahmah a ka biang a leng khitui luang hial ahi a, ka kipahna thu leng gen gina thei lou zezen a "Thank you very much, Sir!" ("Ka kipak lua e, Sir") chih teng gen thei lel ka hi hi. Hiai teng lel gen in school a ka class uah ka va tu nawn hi. Pathian vualzawlna tang ka hi ka chi a, Pathian leh hiai ka Sir-pa tung ah ka kipahna a lian petmah hi.

Huai hunlai a, Half Yearly Examination ka neih zoh nung uh hi ven, hiai ka Sir-pa uh subject laak pen PA a marks tam mupen ka hih toh, zawn ziak a exam thei lou mai ding a ka om tuh poi hon saksak mahmah hi ding in ka ngaihtuah hi. Huaiban ah, naupang gilou leh thumanglou lah kihi khollou a, banghiam thilhihkhelh nei leng lah kihi sam lou ahih teh; Pathian in leng hehpihtu hon pia hi ding in ka gingta a Pathian kiang ah kipahthu ka gen gige hi. Ka Sir-pa a ding in leng ka thuumsak zel hi.

"...ka school-pute uh...":

Annual Exam-na hun hong tungta a, ka exam thei sam ngal hi. Huai kumtawp exam-na ah hihhoih thou in ka kithei a, pass ngeingei ding in ka kigingta hi. Himahleh huai kum in school ah nihvei ka absent-kha a Teng 2 (Rs. 2) liau (fine) ding ka neikha hi. Kum Thak chia bel hiai school a kai nawn tum hetlou ka hihchi'a school a ka fine Rs. 2 pe lou in ka paisan a, ka exam-na result leng suaklou (with held) in om hi. Huai kum in Class IX fail bang hi zenzenta lengle poi ka sak hetlouhna khat tuh, huai kum sung mah in Hindi Class VI tan ka passed man a, huai ban zop bangle ka ut thou hi. Hilehleng ka lungsim khat in tuh a kum nawn 1964 chi'a leng Class X a tu ding ing a, Mission-te'n lah stipend hon pelai ding ua; huailou a lah ka school-pute uh T. Vungdouthawng, T. Thangzamang, V. Dongzathang chihte khawng laihilh siamthei lawtel a hih chiang ua khiatlahhuai sa sim zel in ka om hi.

III
PHAIPI IMPHAL LUUTNA

"...lungkhamhuai hetlou...":

Annual Exam zou in inn lam ah ka pai a, ka ute nasep khawng ka huh hi. Mautam ven nung zek ahi. Huai kum in buh leng ka hau mahmah uhi. Huchi in, inn a bangtanhiam ka om nung in Lamka lam ah ka va zin a, Phaipi (Imphal) ah ka va hohsuak hi. Phai ah nidang a ka lawm luite toh ka va kimu uhi. Amau bel Imphal a om gige ahi uhi. "Kei omna ding leng hon zonpih unla, school ka kaikawm theihna ding leng hon zonpih un," ka chihleh amau, "Tua omden thei pah ding mo?," hon chi pah uhi. Ke'n bel, "Inn lam a ka va pai phot a k'ong kisak thak ngai inte," ka chi hi. "Omna ding pen lungkhamhuai hetlou ahi. I mu law na ding, va pai nawn phot inla hong kuan thak in," hon chi uhi.

"...koilak migilou na hi ua?...":

Inn lam ah ka pai a, sum ka zong panta hi. Huchi in, sum zong ding in ka lawmte nih toh Vangai Tang lam ah zin ding in ka kuankheta uhi. Tualbual (Thanlon) ah ka giak uhi. A zing in, ka thoh phet un, an ne lou in ka paiphei ua

Suangpekte khua ah zingan ka huan uhi. Papi, damlou a innka tung a lum khat a na om hi. Huai mipa'n, "Nou teng zingan ne lou zen a hong zangiak, koilak mi na hi ua? Tulai a migilou, mi suam a gengente uh houh na hi uh maw?," hon chi laizang hi. Ka heh law mahmah a, "Nang koilak migilou thei na laizang a? Hiai heiga bawk in na tal val keukou sattam ning in si niteh!," ka chi-ek mawk hi. Huailai in bel migilou, mi suamsuam pawl bel Tuivaizang khawng leh Singngat leh Lamka kikal khawng ah tam nguttak mah hi. Huchi in, huai apan in zingan ne zou in Munlian khua hah delh in ka delhta uhi.

Vangai Tang luutna ding in Tuilaang Lui leh Tuiluang Lui kaan ngai hi. Huai Tuilaang pen Tuivai sang in neuzaw zek hi. Himahleh, tui sukluanpi khat, a tui bang leng phalbilai a leng tam gige khat ahi hi. Tui sukluan leh luidung sepi a hih ziak in hiai lui ah kum teng in tuikelum mi bangzahhiam om gige hi. Hiai lui gei k'ong tun un a piau ah puum hoihtak khat a na om hi. A puum a tuang nailou in ka khe in tui ka va ngap masa hi. December kha hita napi in tui tam mahmahlai a, khauh lah a khauh mahmah ngal a; ngahngamhuai sa lou in puum ah ka tuang uhi. Ka lak ua a neupen leh ka van kimkhat uh nawsia in kou a lian tegel leh ka van kimkhat dangte uh ka va kinawn masa uhi. Ka naupangpa uh leh midang khat pen denlam chi'a puum mah a va laak nawn ding in ka nawsia uhi.

"...Hoihtak a kigingsa in om in!...":

Tui khauh luat ziak in a taal a puum kihawtkai zou lou ding chi in a lii laizang ah ka puum uh ka koihphei ua, huchi in puum zaapna khat tuak tawi in ka puum uh ka hawtpheita uhi. Tui a hat mahmah a, tuitaw lam ah hon taisuk hi. A lii taw ka tun chiang un ka puum uh tui tawlam nga in hon taihei sukta hi. A taal ah ka suktaita mai uhi. Tui tawlam manoh in. Ka lawmpa'n puum khawlsak ding chi a puumchiang a suangkal hon kalhleh a chiang hong kitan a, kei puumchiang kia zat theih lelta hi. Chihmohhuai sa law sim a lui tawlam ka et sukleh a lui kawina mun ka galmuh a, ka lawmpa kiang ah, "Hoihtak a kigingsa in om in! Tua a lui kawina mun i tunsuk dek chi'a nakpi a i puum nakpi a hon zaapsuk ek ding ka hi," ka chita hi. Huai a lui kawi khanglamsang bel kawlmaitang zui a luangsuk a hita hi. Huaiziak a a kawlmaitang a ka puum uh a kiheisuk ma ngei a ka kipatna lam gal ua kikhohkhe di'a ka puum uh nakpi a kikhoh galkaisak sawm ka hi hi.

Himahleh ka chihna mun ka tunsuk ma un tuitung a gawdawn hong kaisuk ngiahngiah khat ka mu a, huai gawkui man ding in ka lawmpa ka sawl hi. Huchihlai in luigal a ka nawtsiat uh ka lawmpa uh patau lua a kikou kiaukiau ka galzak ua, ka et uleh amah leng neuchik in a kimu tiltel lel a, a aw a kizak kiaukiau hang in a gen bel a kizachiang pha nawn kei hi. Kou leng ka khutvan ua, "Patau ke'n!," ka chi ua, amah bel kap hileh a kilawm.

Ka lawmpa'n huai gawkui hon mankhata a, ka nih un huai gawkuidawn len in nakpi in ka kai-ekta uhi. Huchi in, ka kipatna lam gal uah ka puum uh hon taikhepheita a, a luidung zui in ka puum uh ka toukaih kawnkawn phet uhi. Atawptawp in ka kipatna mun uh ka tungkik zou khongkhong uhi. Ka lawmpa uh toh ka thum un a nuih in ka nui uhi. Ka van teng uh pua in puum in kei kia ka va pai masa nawn a, van teng luigal a va koih khin in ka lawm tegel ka va pii hi.

Huai apan in ka pai nawn ua khomui ma deuh in Munlian khua ka tung uhi. Munlian khua luutkuan a om Tuiluang bel puum in nuamtak in ka kaan thei vanglak uhi. Huchi in, u Dampum, tua Lamka Mualveng a teeng T. Nengsong' pa inn ah ka thum un ka tungkhawm uhi.

"...bawite... hampha...hang ei!...":

Nitakan nekkhit in ka lawmpa khat uh papite' inn ah ka va hoh ua, 'zingsang chiang a ka lawmpa un na inn ua an hong ne ding ahi' chih ka va gen uhi. Huai a sawtlou ka tut nung un lum baih nuam hang chi in ka zin lam uah ka pai nawn uhi. Ka tun un ka zinpa uh a na lumta hi. A lupsa in hon houlim pihpih hi. Kholam thu khawng hon dongdong hi. Amau leng nidang a ka khua ua teeng, huai nung a Munlian khua a va pem uh ahi hi. Huchia ka houlimlimlai un Tuilang in puum a a hon taih thu ka genkha uhi. Huaitak in a lupna ah hong tutou zezen in, "Nu aw, bawite! Dam a na hong suahtaak uh hampha hi na zouzen hang ei! Tuilang lui a kelum chih na zak tengteng uh huaisan eivoi a kiaklupna uh... Huai kawlmaitang na muhsukna ua a tuikawinatak a tui a lompi a a kawlhawm sung a kiheklutsuk hi a, huai in a puum leh a mihing kawlhawm sung a heklutsuk a kuamah suakta zou lou ahi uh," chi in hon lauhpihdan hon hilh hi.

A zingchiang in gamgiak ding in ka thum un ka kuankhe nawn leuleu uhi. A kho pang uh, nitumna lampang ah zan thum ka va giak masa uhi. Huai a ka va giahna mun uh a nuam mahmah hi. Luita dung khat ahi a, a lui pen menchim in a pang tuaktuak sing leh gua, loupa teng a taihmang, luidung siang hiuhiau lak ahi. A luinak ah tuizeu hoihtak khat ka bawl ua, huai tui ne in huai ah zan thum ka giak uhi. Hiai mun a ka giah sung un meh ding limtaktak a om a, nuam mahmah hi. Giahbuk hoihtak ka lam ua, a tawmpen a leng Pathianni kaal khat bang giah ka sawm uhi. Himahleh, hiai kiim ah ka zon pen uh ka mu hetkei ua, huaiziak in zan thum lel giak in suahlampang ah ka pai leuleu uhi. Mun khat ah giahbuk ka saat nawn ua huai ah zan thum ka giak nawn uhi.

Hiai lampang ah ka thil deih uh a tam mahmah a, ni li sung hah zon in zong mahle ung ka lungkimna bang uh ka muh louh ziak un pai ka sawm uhi. A mu lou bel ka hi kei ua, tampi mu ding hi napi ka thil deih pen uh a laak dingdan ka theih louh man uh ahi. Ka zon pen uh singgi gil bang a a na om henhon di'a huaite laak ding chi ka hi uh. Neu khakha a omte pen laak tham lou chi in ka paisansan mawk uhi. Neu khakha a laaklaak a, a tawp a palbawmpi a puakkhop ngah ding hi zenpi ung a ka zon siam louh man un ka lohsam uhi.

Ka zon uh bel singgai hi a, mu lua hinapi in mu lou in ka paikik nawnta uhi.

"...Sumbukpi paina...":

Munlian ka tun nawn un ka tunna pa un ka va gam giahna munte uh hon na dong pah hi. Ka va giah masakna mun uh ka gen uleh ama'n, "Bawite, hiai Vangai Tang gam, ei kho lam gam bang hilou inchin a lauhuaina mun leh gam giah ngamhuai louhna mun tam hi. Tua na va giah masakna mun uh bang leng Sumbukpi (natna chikhat leh dawi genna pian khat) paina hi a, huaiziak a a lui a va giah gentaklouh huai kiim lou a va neih ding leng kuama'n ngam lou a huai kiim teng tuni tanpha a gammang ngongpi a omlai eivoi," hon chi nawn leuleu hi. Kou bel huai nitak in huaisan mun lauhhuai a hih lam ka thei pan uhi.

Khangluivai deuh zaw bang sim a, ama'n lah ka gamtatna peuh uh hon lauhpih ahih toh, "Ahihleh, bawite. Ni khat, ni nih hiai ah om phot unla huai khit teh inn lam ah pai phot mai un. Na sam uhle met hun lawta a hihna ah," hon chi hi. Kou leng 'aw' ka chi pah uhi. Hilehleng kou a lianzaw deuh tegel in bel Chingmun leh Dawltang va phak masaklai ka ut uhi.

"...Dawltang a ka pute inn...":

Huchi in, ka neuzaw pen uh Munlian khua a nawsia in kou a lianzaw deuh tegel Chingmun leh Dawltang lam ah ka pai ua, kei pen Chingmun a ka ute inn ah ka na om a ka lawmpa pen Dawltang a a pute kiang ah a va paita hi. Huchi in nipikal khat ka va om uh. Pathianni in pai dingdan va kikum ding chi in kei leng Dawltang a ka pute inn a hoh ut kawm ka hih toh kileh in ka va hohphei hi. Ka pu a na kipak lua a giak di'n hon khou nilouh a, hilehleng a zingchiang a pai teitei ka sawm uh a hih toh giah ding lem ka sa kei hi. "Nitak an nekhin in pai mai awleh, na ute inn a giak lou a na sun khen kilawm lou ding ahih chia'h," hon chi khong hi. Huchi in nitakan hon nek baihpih ua, aksa kan gilvahtak a ne khin in ka pute toh mangpha hoihtak a ka kikhak zoh un Chingmun ah ka paikik nawnta hi.

Huai kum a Khristmas pen Munlian, Chingmun leh Dawltang a ka omna mun chiat ua mangkha ka hi uhi. Dawltang ah ka khote uh nungak nih leng a na om ua, kou a hon muhtak un 'tonpih ding omta' chi in a na kipak uhi. Hilehleng kou bel amau toh ton ka ut kei uhi. Kum Thak pen khua a zatkhak teitei ka ut ziak un, huchi in a hon theih louh kal un ka paisan maimahta uhi.

"...khua a Kum Thak delh...":

Munlian ah ka giak ua, huai apan Patpimun tawn in, huai apat in Zoupi ah ka giak uhi. A zingchiang bel Kum Thak Ni ding a hita. Ka khua ua school-pu a hong om ngei Pumzachin' inn ah ka tung ua, huaisan mah ah ka giak uhi. A nitak in a nungakte un lupna a hon bawlsak kawmkawm un a zingchiang a Kum Thak zangkhawm ding in hah zot in a hon zawn uhi. Ka tun tuung un lah innteknu leh inntekpa in, "Kum Thak zatpih ding nou tangval thum om zenzen kipahhuai lawtel," hon na chi pah uhi. 'Aw' ka chih khemkhem hang un, kou bel Vangai Tang apan khua a Kum Thak delh a taai ka hi uhi.

A zingchiang zingan nek zoh in pai lou ding chihbawl khemkhem in ka om uhi. Inntekte nungak lianpen in. "Hichi'n a na om unla ka lawmte kikhawm di'n ka va zawn zual di'a, k'ong tun chiang un i kikhawmzui ngal ding uh," hon chi zenzen a, hoih ka sa mahmah uhi. A pawt kal in, a nu theih louh kal toh kituak geih in ka na simpaisanta uhi. Zinte toh mangpha leng kikhak lou zen a guktaisan mai keive ua!

Ni tom, phalbilai a hih toh nitum ma a khua tun teitei ka sawm uhi. Hanship ka tun un field (football ground) ah Kum Thak lopna sa a na huan kheukhou uhi. A sak ua lampi a ka paisuk ualeh, "Hong khawl phot unla, an ne khin in paile utehle na khua uh tung hak mahmah kei ni uteh," chi in hah sap in hon na sam leuleu uhi. Kou lah amau lam leng en zezen lou a ka taisuk vangvang ualeh amau tuh, "Et leng hon en zezen lou in na taisuk ua!," hon chithei lel uhi. Nitum ma deuh in khua ka tung ua, an bel a na ne khinta uhi. Huchi in, kou leng an ka va ne ua huai zoh in etnopsuah ka en uhi.

"...kha khat a Teng 15 loh...":

Kum Thak khit in Phai (Imphal) lam ah ka zinkhe nawn hi. Imphal ka tun chiang in DM College Canteen Hotel ah kha khat a Teng 15 loh di'n ka om a, Khuyathong a Adult Night High School ah Class X sim di'n ka va ki-admit hi. Nitak chiang in dak giat tan khawng school ka va kai zel uhi. Ni khat tuh Canteen Hotel Manager-pa'n Nagamapal Leikai a zu va la di'n Naga naupang khat leh kei hon sawl hi. Ka va laaksak ua, nitak dak sawm gin in ka tungkik uhi. Manager-pa'n leng a dawn pah a, a dawn zoh in an a ne hi. An nek zoh in pialkhang ah a tu a, baang a kingai in a gil a zut (malis) a, a gil meek (massage) kawm in a gil pang tuak bang a beeng a, a sa-ikh khe honhon zel hi. Amah bel a thau-a-thau ahi a, a gil a lian mahmah hi.

Huai zoh in, kou a zu la tegel hon sam a ka nih un ka va pai uhi. A kiang ka tun un 'hon sal ek ding houh hi'nteh' chi a lau sim kawm in ka lawmpa toh ka ki-entuah liakliak uhi. Ka kihtak uh a bang thahah kei. Kamdamtak in hon houpih a, "Nou gel na zu laak uh lim mahmah. Tuban siah nou gel in na nasep ding uh tuh zu laak gige ding hita mai. Nitak dak kua a gin peuhleh kuamah dongse lou a zu huanna inn lam a na hoh pahpah ding uh hi mai," hon chi hi. Kou malam a zu la di'a a sawlte'n a zu dawn guuksak ua, tui toh hel a pe zeldan a na hi uhi. A huchih ziak in a zu pen lim lou chi in a zu laakna mun bang tamveipi a na kheng khinta hi.

"Hiai ah na omden ding ua, school leng na ut uleh na sun kai thei ding ua, Class X na pass uleh hiai DM College ah k'on admit ding a, na loh uh leng khateng in Teng 5 pungtou zel ding," hon chilai hi. Amah bel DM College a Professor pension ahi. Zu laak thu a ginomlouhna ziak in ka ma ua a na om masa amau mi (Meiteite) tampi leng a na deih nawn louh om chi in a sing-ekpa uh Meitei putek in hon hilh hi. Amah min bel ka thei kei; ka sap chiang un 'Khura' chi in ka sam ua, huai bel 'paneu' chihnadan deuh ahi. A sing-eh lah deuhte bang ka va ehpih zel a, hon pakta thei mahmah hi. Huchi in huai ah kha khat ka sem a, kha khat in Teng 20 ka lohta hi.

"...Teng 30 loh ding...":

Huchi a nuamtak a ka omlai un, ni khat ka lawmte Canteen Hotel ah hong hoh uhi. "Ka lawmte uh khat inn lam a pai a amah mun luah di'n nang hong om lechin kha khat a Teng 30 loh ding hi a, khateng a Teng 5 a pungtou zel ding a hihna ah sawt i om zohleh tam loh mai ding hi hang a. School lah nitak a kai man veve ding na hih chi'a... Hia'h om lechin kha li bang na om masiah Teng 30 bang loh lou ding hi chin a, tua bel tu kha apat kha khat a Teng 30 loh pah ding na hih chi'a na ut khakleh chi a nang hong hilh masa ka hi uh," hong chi uhi. "Ka ut," ka na chi pah hi. "Ka Headcook-pa bang un khateng a Teng 60 bang lohta eitel voi," a chi uhi. Amau bel DM College-te anhuan a pang ahi uhi. "Kha lah bei nailou deuh ahih teh kha thak chiah hong kipat vanglak ding in," ka chi hi. "Hilehleng tu'n kou kiang ah hong omtou pah mai in. Ni li, ni nga khawng lel omta hi ven. Aziakbel, kou Mess Manager-pa kiang a 'a mi ding ka muta uh, hiai ah a om; midang zong nawn dah un' ka chih theihna ding un," hon chi zel uhi. "Huchi a hihleh zingchiang in hong pii ualeh. Manager-pa kiang ah na gen ning," ka chita hi.

Canteen Manager-pa kiang ah College a anhuante lak a va tel mai ka ut thu ka hilh hi. "Hiah omlai mai lechin himai lou hia? Kum Thak chiang a school a na sun kai theihna ding ngaihtuah ding hang a, tua lah night school a va ki-admit khin na hih chiang a admission fee lah hon lehkik ut nawn lou ding uh a hih chiang a pammaih bang," hon chi hi. Huailai in Class X admission fee Teng 16 ahi. Ka ngaihtuah thak chiang in ke'n leng hiai mun a omdet suk mai tuh hoih ka sa thak sim a, hilehleng i lawmte toh kihoulem khinsa thu va khelkik thak thepthup ding lah lepchiahhuai deuh ka sa sim zel a, ka lung a buai hi.

A zingchiang zinglam dak sawm-le-khat in kei hong pii ding in ka lawmte a hong tung petmah uhi. Hotel Manager-pa kiang a ka va genleh, "Hon na ngak zual in," hon chi a, ke'n leng ka na ngak hi. A dendeuh chiang in hon sam a, sum Teng 17.50 hon na pia hi. "Hiai teng toh pai awleh," hon chi a, kipaktak in ka saang pah a, kipahthu ka gen zoh in ka paikhia hi. Ka loh zah ding mah hi'nte chi in ka sakhau ah ka guang hi. Ka khonung hisap thakthakleh ka loh zah ding tuh Teng 12.50 ding a na hi a, Teng 5 tak hon behlap ahi chih ka theikhia a, hon deihsakdan ka theisiam semsem hi. A kiang a ka omdet mai louh tuh ka kisik thak simve.

DM College student-te anhuan in k'ong om a, a nop bel nuam ka sa veve hi. Huai Veng a nupi bazar kaite meh bang ka va leisak zel ua, a tawp in k'ong kimeltheih bawlthei zel uhi. Amau nitak dak giat a kipan dak sawm kikal khawng in bazar kai tawp pan zel uhi. Kou school kai ka tawp chiang un amau leng hong pai uh toh a kituah ton om zel hi. A zingchiang a zuak ding van a laak thak ton bang uh a om a, huaite leh a sun a a khot khit louh uh van tampipi pua in hong pai lutlut pahpah ua; tua a vante uh ka khaipih (puakpih) zel uhi. Hon thei ngei loute'n bel migilou i hihkhak ding a lau ua, a van uh i dawn dek chiang in leng a phal himhim kei uhi. A hon theihchet hun chiang un bel 'hiaite mihoih ahi uh' chi in hon kidawnsak zel uhi. Huchi in ka kimaingal tou zel ua, a van uh i dawn pen kipak law sam uh a hih ziak un Nai-a Paise 5 bang, Nai-a Paise 10 bang hon pe zel uhi. Huailai in Phaipi a Hotel ah singpi nou khat in Nai-a Paise 5 lel man hi. Van a hoih khot chiang un Nai-a Paise 25 bang, Paise 50 (makhai) bang leng hon pia uhi. Huchi in Hotel ah singpi dawn man ding tuh ka kitasam ngei kei uhi.

Kum khat ki-om dekta. Loh leng khateng a Teng 40 bang kimu dekta, nuamtak a om kimlai nitak khat student-te hong kinazak uhi. Tem khawng toh bang kidelhzak uh. Eimi non-Naga lam teng pangkhawm uh. A langlam ah Naga lam teng pangkhawm uh. Hostel sung a Nagate bang eimite'n chabi kalhkhum a Hostel sung a khumbichilh maimah uh. A hong huchih chiang ua a Hostel ua om tengteng a pai vek ding uh; kha khat sung Hostel kikhak ding chih thu hong omta. Huchia student teng a pai bei chiang ua anhuan teng leng pai hong ngaita. Inn lam a pai in huai kum tuh koulawi school exam-kha om nawnta lou in, huai kum tuh inn lam ah ka mawk om denta uhi. Buhlak zoh a Phai a ka va hoh nawnleh ITI (Industrial Technical Institute) a anhuan a om ka lawmte'n, "Kou lak ah mi khat a kisam a omlai hi'n, hong om in," hon chi nawn uhi. Huai a anhuan a va pang nawn in, khateng a Teng 40 va loh. Huai bel fixed a hih ziak in i sep sungteng kha khat a Teng 40 loh gige a hi mai hi.

Kum 1965 ahi a, ni khat ka lawmte Phai khopi a a ute inn a om in ka omna uh hong pha hi. Bazar a hoh ding in hahzot in hong zawn hi. Amah bel Songtal khua a teeng ahi. Ka omna uah amau khomi khat mah leng om hi. "Nou gel kho khat na hih chiang un na nih un va pawt unla, kei school ah va kaai ni'ng in nang leng hon present-sakna ning," ka chihleh ama'n, "Hilou e. Kei zan a leng school hong kai lou ka hih chia'n nou gel va vaak zaw unla kei tuni in na kai phot ning," hon chi hi. "Meh ding ngakeu leng hon leikawm un," hon chih behlaplai hi. Huchi in kou gel ka va pawt ua, ka lawmpa bel school a na kai hi.

Huai kum in Thanglora, MA in Phai ah Adimjati High School chih hon pan a, huai a Class X sim di'a va kai ka hi uhi. Hiai school pen Lilashing Khongnangkhong High School sak zek a om ahi a, school compound kigi hilhel ahi. Kou school pen bel amau a sang in amun sangtouzaw hi. Hiai school ah singtangmi ngen students sang-le-zanih apan sang-le-zanga kikal ka kai uhi. Kou sang in ka khang uate a tamzaw tham ua, Meitei naupang ngen ahi uh. Tohlet vang a ka daksuk chiang un ka khang uate'n leng tohlet apan mah in hon na entou sam uhi. Numeite ahi deuh uh. A nungakte uh thoh a kinei ka set ding uam, a numeite un hon ettouh chiang un leikhat khum in ka maiphensan ua, akhente'n chilphih dandeuh in 'phui' ka chihkhum settawk uhi. Khatvei kou school a Class VI-te khat in huchibang a a hihlaitak in ka khang ua numeite'n pasalte hilh ua hong daktouh uleh tua Naga naupangpa'n a leikhatkhum leh a maiphensanlaitak mukha zenzen ua hehlaw mahmah in khuttum nuai maimah uhi. Huaite bel tangval ngen ahi uhi.

Sunkhawltak in hong taitou ua tua Naga naupang pen hong vua uhi. Kou leng kidelhhuan in amau ka vua uhi. Huchi in ka vekpi un k'ong kilai nonouhta uhi. Mi tampi kisual ka hih ziak un a kisuliam bel om thei kei a, ka kikal ua dailing kung, amau school daai pen bel tempawng a vatmaai sang in leng a maai zaw hi. Ka Sir-te tuak un gawpum lianpipi tawi in hong phelh ua ka kikhen thei uhi. A zing in kikawm theih nawn hetlouh ding in sikkhau lingnei in daai hoihtak mai, saangpi in a na kikai a ka school tegel uh leng huchibangmah in hoihtak in a na ki-um vek hi.

IV
TUMLOUPI A SEPAIH LUUTKHAKNA LEH THILTUAHTE

Bazar vak di'a hong zawn ka lawmpa toh bazar lam manoh in ka paita uhi. Ama'n Dak Bangla lam tot a ut a kei bel huailam gamla lua chi in ka ut kei hi. Hilehleng hon kai teitei a Dak Bangla lam ka tawn khong uh. Dak Bangla a kigalmuh pattak in ka lawmpa'n, "Eh! Huai a Bangla ah mi sepaih a dim in a omve uale. Hong hat ou!," chi in theihtawp in a taita hi. Ama'n bel huaisan a sepaih kila ding chih a theihsa a hih ziak a sepaih kilah ut ziak a huailam tot teitei ut a na hi hi. Kei bel a nung ah awlawl in ka pai a a tawp in amun ka tung khong sam hi. Ka lawmpa'n ahihleh a tai kawm in a puanak leh a khekol a suah a, vuaktang in, underpant toh kia, gate sung ah a tailut a, mipi lak ah va luut in va ding hi. Kei bel gate pawlam ah ka ding a, kilah leng ka tum kei hi. Ka lawmpa pen tamveipi sepaih kilakta hi napi ching zou ngei lou hi.

Kei bel ka va kilak ut kei a, kelkong (gate) pua ah ka na ding den hi. Meiteite a tam mahmah uhi. Ei singtangmi leng Mizoram, Chin Hills leh Manipur Hills a kipan mi a tam sim thou uhi. A denchiang in ka lawmpa toh mi bangzahhiam khat hong pai ua, ka puansilhte hong suahkhiatsak vek ua, ka underpant toh mipi lak ah hon pailutpih uhi. Khua lum ka sak luat ziak in a lai lam ut lou in mipi nung ah, a nanungpente lak ah ka va ding hi. Recruiting Officer-pa Bangla sung apan hong pawtkhia in Varendah apan in mipi sepaih kilakte hon gal-etet a a tawp in mipi lak hon pheenphei a kou a nanung vual a dingte mi bangzahhiam ka baan un hong kai a, Varendah lam ah hon paipih a huai ah hoihtak a a hon veel zoh un sepaih di'a laak in ka om pah uhi. Midang leng huchibang in tampipi la uhi. Tulai ate bang a field lai khawng hiam a kitaiteh noinoi chih bang om sese lou hi. Huai ni pen a sepaih laak tawp ni uh a hita hi. Ka lawmpa pen bel ching lou zel. Huchi in a nitak dak giat chi'a lampi a nekman ding Dak Bangla a Recruiting Officer-te kiang a va laakna ding lai hon pia in hon pai kiksak phot uhi.

"...Army Medical Corps...":

A nitak in sum la ding in ka va hoh uhi. Sum Teng 16 leh sepaih luutna lai ka va la hi. Hiai a sum pen bel Imphal leh Lucknow kikal a nekman di'a a hon piak uh ahi. Ka sepaih panna ding bel Army Medical Corps. (AMC) ahi. AMC-te Training Centre bel mun nih ah a om a, khat pen Hyderabad ahi a, 'AMC Training Centre (South) kichi a, a khat pen Lucknow ah om in 'AMC Training Centre (North)' kichi hi. Kou pawl bel AMC Training Centre (North), Lucknow ah ka pai ua, lawikhatte AMC Training Centre (South), Hyderabad ah pai uhi. Huchi in Lucknow ah ka training-ta uhi. Sepaih ka kilah ni ua huai di'a kuan mawng hi leng tuh Class IX Certificate hiam, Class X Reading Certificate hiam tawi ding ing a Nursing Assistant a luut ding hi'ng a. Hilehleng ei kholai vaaklai va tumkha mawk i hih chi'a Ambulance Assistant in hon la uhi. Huaite bel Class VIII Passed-dan a ngaih ahi uhi.

"...*kolvompa maitang boxing di'a...*":

Lucknow a Basic Military Training Battalion a ka omlai un Vaipau (Hindi) ka siam nai hetkei uhi. Ni khat tuh South India (Madras) lamte toh ka kina uhi. Basic Hindi RT (Recruiting Test) Class ka neihlai uh ahi a, Break Off Period ka luut nawn un Madrasi-te khat in ka tutna hon na suan hi. Kei leng a nung ah ka tutou a, ka boot muk in a kawngzang hetkha hi ding hi ven heh in a tongkiu in ka ngalmam hon su-ek hi. Ke'n leng naa ka sa a ka khedap muk in a nung ah ka sui a, ama'n leng naa sa lua in a kawi voivoi zezen hi. Amah leng heh lua in a boot in ka khuk hon suitou a thakhat a ka khe ka na awnsak geihleh ka pam a tu pen khukbuk a suikeh phei hi. Kei leng dingtou zok a kolvompa (Madrasi-pa) maitang boxing di'a ka kisakleh, "Nang na taang k'oh, lawm. Ke'n su ding," chihleh a maitang sukphei thuah inchin, Madrasi-pa hatu sukhe pah. A kam leh a nak a si hong pawt. Huaitak a amaulam mi teng hong heh uh. South India lam teng pangkhawm uh. Kou, ei Manipur mi teng pang. Kihonsual nonouhta. Bengali-te khat hong ding. "Nou South India-te'n nou sang a tawmzaw mite bom na hih uleh kou North East teng leng pang ding. Bengali tengteng ding uau! Assamese teng leng ding uau!," hon chita hi. Amau teng toh k'ong pan uleh tuh kou ka tamzaw thamta uhi. Huai thiltun hun bel ka Instructor-te uh hong luut nawn ma uh ahi.

School Office ah AEC-te (Army Education Corps.) Subedar Major khat leh Attendant khat om lel uhi. Amau ka kilai nonouh uh hon muhtak un, "Ehe! Hiaite'n bang hih a maizen ua oi!," chi in hong kikou uhi. Huai phet in Instructor-te'n chiangpum lianpipi tawi in hong delh uhi. Huchi in hong phelhdaita uhi. A liam masapa chih louh midang bel kuamah a liam ka om kei uh. Mihonpi kisual nonouhna ah kuamah kisuliam thei liap khollou ahi chih bel ka school kailai a Phaipi khua a ka theihsa a hita.

"...rail compartment sung a...kina...kisual...":

Khatvei leuleu lah, kum li khawng ka service nung a hita a, 6th Mountain Division a ka omlai un (huai bel Nepal toh gamgi lam teng huam hi ven) Jhansi, UP (Uttar Pradesh) a kipan ka tuanna rail comparment sung ah Punjab State mi khat hong luut in Card Trick (laithai kimawl a kikhemna) hong hih inchin mi khat toh hong kina ua hong kisualta uhi. Huaitak in Punjab State-mi teng in amau mi pen panpih pah uhi. A khatpa bel Uttar Pradesh gammi ahi. Huchi in, UP mite'n leng amau mi pen hon panpih teita uhi. Hong kisual nouhnouh phet uhi. Ka tuanna Compartment sung uah UP-mi tamzaw ua, State dang mi a kitam kei hi. Mun neuchik sung a mi tampi kisual a hih ziak un, a kisuliam bel om sam keina ua a puansilh khawng uh tuh a kilaikeksak pawl bel om veve uhi. Ke'n bel mihonpi kisualna a liam omthei liaplou ahi chih mun nih ah ka na theikha khinta hi.

"...nou Aibulonte mi nih phet...":

Lehkik thak zualle. Mission Compound a ka school kailai in lah kou khuami mi nih kia ka hi uhi. Ka lawmpa leh Kangkap khote khat hong kina uhi. Kangkap khomi teng hong heh ua ka lawmpa vuak sawm in a um pelpol uhi. Amau bel tampi ahi uh. Ke'n leng ka khopihpa ka na gumsam hi. Amau tuh, "Nou Aibulonte mi nih phet khawng. Ka kuanglai maltameh khop uh leng pha kei ni uteh!," chi in lawikhat in kei leng hong vuak sawm in hong umkimvel uhi. Huaitak in Hanshipte khat hong heh lua a, "E! Nou Kangkapte'n na sang ua tawmzawte ngapthoh a vuak sawm uh mo? Hanshipte tengteng ding uau! Palkhuangte leng, Bungpilonte leh Lawibualte leng ding vek uau! Ei teng kho khat i hive uale. Leisante leng hong ding uau! Hon ngaptak a hih uleh kisual mah ni!," hon chikhe loiloi hi. Huaitak in kou kiang lam ah hong taikhawm vek ua, innsung bang mial maimah hi. Kou lam tam lua ka hih man un hon ngap lou deuh uh a hi ding ua, kisual zen lou in ka tawp thei vanglak uhi. Huailai in Kaihlam Nuai teng in Hanship Mission ME School pen Examination Centre a kizang a hih ziak in Mission LP School teng in Hanship ah Annual Examination kineikhawm zel a, naupang teng kho khat bang in kithuahkhawm vek zel hi.

"...TT Battalion ah...":

Lucknow a Basic Military Training ka zoh un TT (Technical Training) Battalion ah ka om nawn uhi. Hiai ah bel i Trade chiat kizilta a, sepaih laam pen kikhawl pianta hi. First Aid lam ka hahbawl deuh uhi. Ni khat First Aid Class ah ka Instructor-pa un ka lawmpa Vaite kiang ah, "Ahihleh, kidouna phual ah mi khat thau hiam, bomb hiam in a gilpi kapvang a a ngoi teng lawtkhia hi. First Aid bang na chi bawl di'a?," chi in dong hi. Ama'n leng ngaihtuah vangvang hi. "Sap, huchi a a gil teng pawtbei tuh, a mun a a sih keileh leng sawtvei hing lou ding hi ven, lamkhang khawng a paihkhiatsuk a taihsan mai ding hive. First Aid bawl bang a phatuam thahah di'a," chi in dawng mawk hi. Sappa heh mahmah mai hi. "Kidouna ah a liam tengteng si vek lou hi. Gil teng lawtkhe vekte leng si lou om tham uhi. Thunkik nawn in hoihtak in First Aid bawl in Hospital tun pah leng damkik thei uhi. Huaiziak in, gal kidouna mun a liam peuhmahte a sih naikei ualeh First Aid bawl vek ding tuh ei Medical Corps-te mohpuak ahi," chi in hoihtak in hon hilh hi.

"...Maharaja Building, sambang ka zalna aw...":

Technical Training leng k'on zou nawnta ua, Despatch Company ah ka paita uhi. Hiaisan bel Training zohsiang vek nung chiang a sawlkhiatna mun ding ngaakna mun lel hi a, a khente zan khat, zan nih lel giak a a Unit ding ua sawl a om pah bang leng om ua, a khente nipikal khat om bang leng om uhi. Huchibang a kisuankhiat pahpahna mun a hih ziak in a inn bang leng a hoih kei a, lei inn, buan a kizut, electric lah a om kei a, pangkha (fan) lah a om kei a, a lum mahmah hi. Nitak chiang in mumbati ka de zel ua, huailou putawn bawltawm peuh ka de uhi. Nop sa lou lua ka hi ding ua ka engpauna un huai inn pen "Maharaja Building" ka chi uhi. Nitak khat ke'n leng hih ding dang om lou a hih toh–

"Maharaja Building, sambang ka zalna aw.

Light, pangkha lah om lou,

Sabse takhliph building"

chih laa phuak in nuikawm in k'on sa hi. Ka lawmte'n hon zaktak un hon sakpihta uhi. Ka singlemte uh vaikhuang tum in ka tum chiat ua, hiai laa sa in ka chiakzen mah ua, ka Barrack ua om vaite'n hon mu nuamthei mahmah uhi. Ka lawmpa khat uh vaite (kolte) laamdan in hong laam zomahlai hi.

Huchi a huaitak a ka na omlai un Night Visit ding in Company Havildar hong luut a, inn kongkhak langkhat lam ah hon na simet hi. Amah bel Family Quarter a a zi leh tate toh om ahi uh. Gilou ka sa mahmah ua, Vaite bang in tuh a naak iplah thei mahmah mai ua, sawt deuh omkhawm leng tuh a vawgawp ngeingei ding un ka gingta hi. Hiai Havildar-pa min ding in "Dunia Singh" chih ka phuahsak uhi.

"Company Commander Havildar Dunia Singh,

Gamsa kamkei haang bang;
Usse tukkatchare."
Vaipau lah bang, Paite pau lah bang, Havildar in thei lah bang, thei lou lah bang in om nilouh hi.
"Hong un lawmvualte aw,
Centre tuangnung siah in;
Laraike maidan mein davai lekar jaeng,
Damloute panpih di'n."
Havildar-pa thakhat in ka kiang hong tungguih in hiai lagelhna lai ka tawi hon sut in paikhiatpih a, a dendeuh chiang in ka lawmpa uh huai laa Hindi a letkhe ding in hong samsak hi. Ama'n leng a pawtdek in, "Lawm, ahibangbang in ka let diam?," chi in hon dong hi. Ke'n tuh, "Hoih na sakdandan in let in," ka chi hi. Tua ni a kipan ka Havildar-pa un hon melchit bawl sim in ka thei. Amah bel Company Commandar bel hilou hi. Army lak ah Commandar kichite Commission Officer-te hi deuh uhi.

"...*vuaktang a kisil hanhan geuh...*":

Huailou khat leuleu lah, ni khat khua lum lua inchin ka kisil zihzeh ualeh a tawp a ka underpant-te uh keu man nawn lou inchin koule vuaktang a kisil hanhan geuh hive ung aw. Theihlouhkal a ka Havildar-pa mah uh hong pai inchin ka lawmte'n thakhat a a puante uh silh sauhsauh mawk uh. Ke'n leng ka dakleh amah muta. Kintak a ka puante silh. Hilehleng vuaktang a ka kisil lam bel ama'n hon galmuh man hi ding hi ven, "Front Roll lagao," hon chi. (Huaibel gulpi ludin a malam a kilep pheiphei ngai hive aw). Ke'n hih ut lou. Ahihleh, "Dorke chal, us diwal hath lagakar wapas ao!," (Huaibel 'hua baang va lawng inla hong taikik nawn in' chihna) hon chi. Kei ut tuanlou. Ama'n lah a lohngaihna hon thei tuanlou.

"...*Sanggam na mukha ngeita hia?...*":

Ka lawmte teng Police Verification hong tung vekta a, amau tuh Posting in pai sauhsauhta ua, kei Police Verification bel hong tung loulai hi.

Hiai Despatch Company a ka pai ma un Training ka zohsiang sipsipna ding un Hospital Course kha khat sung Training ding omlai hi. Huai ding in MH (Military Hospital) omna mun tuamtuam ah ka kuankhia uhi. Kei tuh Allahabad Military Hospital ah ka va Training hi. Hiaisan a ka omlai un ni khat vaite khat in, "Paite, chalo! Sanggam dekhne jaiyega," ("Paite, pai oh. Sanggam en in va hoh ni") hon chi hi. Ke'n bel, "I, ut lou," ka chi gaih hi. Ama'n leng, "Sanggam na mukha ngeita a hia?," hon chi hi. Ke'n bel, "He. Hiai film bel kou lam a leng hong paikhata inchin bangzahvei hiamkhat enkhata ka hi," ka chihleh ama'n, "Oh! Huai film Sanggam pen hilou. Hiai Allahabad a Jamuna Lui leh Ganga Luipi tegel kisutuah unchin huaisan na muh utleh chi ka hi," hon chi hi. Vaite'n luipite a kituntuahna munpi uh 'sanggam' chi a na hi phiangsan uhi. "Ahihleh ut tham e!," chi in ka va hohta uhi. Allahabad Fort sung ka veel malam ua huchi in Sanggam ka va en uhi. Thupi ka va sa mahmah hi. Tuitung ah long tampi om hi.

Huchia nuamsatak a ka omlai un ni khat ka ute hon laikhak ka mu a, ka simleh 'i pa'n hon beisanta mai hi' chih a hon hilhna uh a na hi hi. Dah law petmah, kapkap mai. An lah duh nawnta lou. Havildar Major-pa'n hon sam a ka pa sih hun hon dong hi. Ke'n leng kha khat bang paita ahi chih ka hilh hi. "Na pai ut hia?," hon chi a, ke'n leng ka pai utdan ka hilh hi. Ama'n bel, "Hilou ahi. Tu'n pai mawk lechin tua Hospital Course na hihlel pen uh zou nailou deuh na hih chi'a na lawite'n hon na zohsan manta ding ua, nang hiai Course na hih nawnna di'a kum khat na ngak phot a tua nou luut nung a Recruit thakte'n Training hon zoh chiang ua amau toh Hospital Course na hihkhawm ngai mawk ding a hih chi'a. Tu'n inn va tung tawkle chinle na innkuanpihte khamuang deuhta ding hi napi ua nang a lung uh va phawng thak lel ding chin a, khasiatsak lel mai ding hi. Om inla, na Training zou vanglak inla huaichiah pai lechin nang a di'n hoih ka sa zaw a, hilehleng pai teitei ning na chihleh lah CO-pa kiang ah suti k'on ngetsak di'a, a phatuam hi nawn lou a hih chia'h kapkap nawn ke'nla an ne inla, khamuangtak in omta in. Pathian nasep i tung a hong tun chi'a hichi mah ahi. Na an ding leng anhuante kiang ah special deuh in na bawlsak un ka chih ahi," hon chi hi. Ka ngaihtuahtuahleh tua amah gen dik ka sa a, Training zoh chiang a pai vanglak hoih ka sa hi. Huai chiang a bel Recruiting Leave kha khat suti bel aloutheilou a pai ding ahi hi hi. Hiai hun sung teng in ka lawmpa khat in ka an ding hon laksak gige a, asun-azan in hon kithuahpih gige a, tu tan in leng a tung ah ka kipahna a daithei kei hi.

"...kha khat suti...":

Hospital Course ka hih zoh un Lucknow ah ka paikik ua, huchi in Recruiting Leave in kha khat suti in inn ka pai hi. Ka pa lah na om nawnta lou. Ka nute'n ka pa'n hon ngaihdan hon na hilh ua, ka ngaihdan hon supuang mahmah mai hi. Ka lungsim in 'ka pa'n hichitel a hon na beisan a hih chia'h, ka pa mel lah mukha nawnta lou ding ka hihchia'n, sepaih pan pen pension tan pan teitei ding' chih ka ngaihtuah pipen a hita. Ka khua uh Aibulon a kipan Rail Station naipen tuh Dimapur ahi. Dimapur leh Aibulon kikal kigamlatdan mel 360 a kigamla chi in ka Pay Book sung ah kigelh hi. Mel 360 tuh Bangla 24 pha hi. Hiai mel 360 pen khe a paina lampi (footpath) ahi chih ahi. Huaiziak in suti ka pai chiang in lampaina ding vuak in ni sawmnih-le-li ka mu hi. TJRA (lampai man) in ni sawmnih-le-li pai man sum ka mu zel hi.

Ka suti hong bei a khitui tampi toh ka nu leh ka innkuante khen in Lucknow lam zuan in ka pai nawnta hi. Huchi in leng ka Police Verification a na tung naikei hi. Hilehleng Training pen kizousiang vilvelta a hih man in ka Police Verification ngaakna kawm chi in Military Hospital (MH) ah Posting in ka om hi. Hiaisan nop ka sa mahmah hi. Hiai a kum khat leh a kim vel ka om nung in ka Police Verification hong tung khongkhong hi. Huchi in huai a kipan in 406 Medical Battalion c/o 56 APO (Army Post Office) ah Posting in ka pai nawn hi. Hiai Battalion Headquarters ka tun nung in ni nga vel huai ah ka om a, huai khit in High Altitude vukgam a ADS (Advance Dressing Station) ah ka pai nawn leuleu hi.

"...*vuk tung a kitolhsuk pelh...*":

Hiai mun a ka omlai un, ni khat, Patrolling in ka kuan uhi. Mualtung lam a ka kal touhtouhleh vuk na sah law mawk hi. Snow Boot lah kibulh lou. Khetul a vuk tung nakpi a tuankuaksuk in huchi a kal suan zel. Mun khat a a vuk tuankuak hoih zou lou deuh hi ding ing a, ka khe tegel thakhat in hong taal hi. Vuk tung a kitholhsuk pelh mai. "Eih!" i chih sung a lamkhang lam saupi kitung khin man. Lawmte lah "eih!" "eih!" chi a kikou vengvung mai. Singkung lianpi khat a na omkha inchin huai bul zaang a khawlkha thei zenzen. Hikeileh taang nuailam pek a kitolhsuk ding a sih a om ding hi ven! Ka vaang phalai deuh eive. Lawmte omna lam zuan a ka paitouhlai a ka pam deuh ka etpheileh vukkhal kawhawm lianpi khat om pengpong hi a, huai sung bang ah kikesukkhaleh kisi peuhmah ding chih theihsa ahi.

Eilam a ni sa lua, vuahzu lou, tuinak teng kang khin a a omlai, March leh May kha sung in vukgam ah tui san zuazua zen in luituite khang hi. Vuah a zuk kei a ni a sat luatleh tuinak san semsem hi. Vuah a hoih zuk chiang in bel vukkhal leh tuinak a tuikhalte tolh lou a, ni a sat luatleh bel vukkhal leh luitui khalte tuisuak in tolh ua, buannawi toh, ninpa toh hong luang ton in tui sansak zuazua zel uhi. Vukkhal tolhte pen menchim ging bang in ging lomlom hi.

"...singluang...siktaal...":

Vukgam (High Altitude) pen khua vot chihtak a vot a hih man in asun-azan in Snow Coat kisilh den a, zan chiang in Sleeping Bag sung ah kilum hi. Hiai mun a ka omlai un ni khat 18th Punjab Regiment-te khat tui ah kia hi. Lui tung a singluang a va zuih zenzenleh a sing naal inchin siktaal a tuilak a kesukdan ahi. A dial tui in taimang a hih man in a sam teng tui tung ah kilaam liahliah hi. Amau bel numeite bang a sam saupipi nei hive un. Huai huntak in kei bel Dak (laithon) la a Post Office a ka va hoh kal ahi. Ka lawmpa, Luseite hi ven, ama'n a sam a man in va kaikhia hi. Kei ka tun phet in ka lawmpa'n hon na hilh pah hi. "Om kei leng huai mipa si mahmah inte! Amau mite lah huailak tui va ngap ngam lah om lou ua, a mun leh a Camp kikal ua miksihon mahbang a a suktai toh a toutai toh kipel hehu ua, aknouhon haam bang a chiak-a-chiak iaiuai mai ahi uh," chi hi. Huai lam luituite bel vuktui ngen a hih ziak in vot lua a, khuttal tang khat tan lel tuilak a i diahtumleh minute khat sung lel leng kidiah ngam khollou hi. Huai tuike mipa bel Medical Treatment hoihtak a kibawl pah ziak in si lou hi.

"...bomb hileh kilawm...":

Tua kum in vuahtui tam lua hi. Zan khat vuah a nak zuk luat ziak in tui nakpi in khangsak a, ka gaal ua Engineer-te Camp, luipang a om, tui in a leitang teng toh taimangkhawm in a van teng uh hepkhiat man om lou a, a mihing bel a si om lou in suakta vek vanglak uhi. A nunglam a tui a hong tawmtak in a kiim a khua om Civil-mite'n a luipang a piaunel lak ah van hoihtaktak va lakhia ua, sum tampipi man mu uhi. Huai thei in kou Camp a Civil-mi putek dekta leh naupang khat, sing-ek dingleh bel sil ding khawng a ka zat uh, ni khat van zong ding in va kuan uhi. A putek pen in banghiam luum pingpeng khat mu in suang tung khat ah awlkhakha in sat kakauh hi. Naupangpa'n, "Na huchi awl saat in a kitan ngei ding hia," chi in, "Koi, ke'n k'on saat ding," chi in sut hi. Suang tung a tempawng a a sat-ekleh puakzak a, a ngoi bang a dawk zezen hi. A zunthakna (a zang) leh chilbom teng leng kapzak vek gawp hi. A gendan un, a thilmuh pen uh bomb hileh kilawm hi. A zingchiang in ka Camp uah a nih un hon pawlut uhi. First Aid hoihtak a bawl zoh in Bareilly Civil Hospital ah kipaisak hi.

Hiai mi nihte Camp a a hon puak ni uh kei Dak la di'a ka kuan ni a hih man in kei ka omkha kei hi. Ka lawmte un a muhtak un a tamzawte'n en ngam lou ua, a khente bang sidang (sibup) hial uh hihtuak hi. Lusei khat om a huai pa'n a si, a nai teng uh dettol tui a a silsiang zoh in Doctor-pa'n amah hih ding teng hihthei pan hi. "Nou First Aid bawl dingte na hichih maimah un denteh gal omleh huaichi'a bangchi ding na hi ua? Lusei om lou hileh tuale First Aid bawl ngam om lou na telve uai!," chi in Doctor-pa'n ka lawite naktai petmah hihtuak hi.

"...natna Locomotor Ataxia...":

Hiai 406 Medical Battalion ah kum li leh a kim ka om nung in Military Hospital, Panagarh ah ka Posting nawn leuleu hi. Hiaisan bel Hospital neuchik, Bed 100 khawng lel omna ahi. Hiai mun ka tun in Medical Ward ah ka sem hi. Medical Ward a ka seplai in thilkhat ka mangngilh theih louh khat om hi. Huai bel, Civil Employee khat, amah bel PWD a sem hi ven, hiai mipa ka Hospital uah Admit in om hi. Hiai mipa bel a natna Locomotor Ataxia (Tabes Dorsalis) ahi. Ni khat Bathroom ah kisil hi. Zingsang Bed Tea dawn hun in amah a lupna ah a na om lou hi. Zinglam dak kua a Breakfast nek hun in leng om nai tuanlou hi. Zinglam dak sawm chiang in ka lunghimoh gawpta ua, huchi in amah ka zong panta uhi. A malam in leng ni khat kholak ah a na vakmang ngeita hi. Zong di'a ka kisak vengvung uleh damlou khat in, "Saap, hua bathroom khat zingthoh apan kihong ngei lou khat om ahi. Huai va en masa un," hon chi hi. Ka va et uleh a sung ah a na om petmah hi. Sih zaw a na si zen kei.

Ka pumdop khiat ua, a puante silhsak hoih khit in lupna ah ka sial uhi. Amah bel a khophawkna hoih lou a hih ziak in kepkep leh khoikhoi ngai hi. Ni khat oxygen piak ding ka mangngilhkha mawk uhi. A zan in amah na si hi. Zingsang Bed Tea a dawn khit un amah gei a lum damlou khat hong pai in, "Saap, hua damlou khat zaw tat lah taang ngei lou in lum zinzen hi," hong chi hi.

Nursing Assistant-pa hong patau pah in ka kiang ah, "Va en zok in!," hon chi hi. Ka va etleh a na sikhin a na hi hi. Huaitak in ka lawmpa toh ka patau mahmah uhi. Ka lawmpa bel Nursing Assistant ahi a, belh khat Lance Naik ahi a, kei sang in amah mohpuakna lianzaw hi. Thermometer (chiisa etna) ka va la a misipa kam sung ah ka koih ua, Stethoscope (sunglam ngaihna) leng ka va la a a gei ah ka koih ua, a lupna gei a Oxygen bung om leng a nak ah ka thuah uhi. Huai teng ka hih zoh un ka lawmpa cycle in a va tai a, Civil Line a Family Quarters a om Doctor-pa a va sam hi. Huai Doctor-pa bel Civil Servant Specialist khat ahi.

"...kou kizenlah ziak...":

A hong tun phet in hoihtak in a vel a, huai zoh in sita ahi chih hon puang hi. Hiai damloupa sihna kou kizenlah ziak hi in ka thei a, ka kimohsa mahmah hi. A nitak a Oxygen piak ding ka mangngilh ua, zingsang lam a piak ding leng ka mangngilh khak nilouh ziak ua si hi ding in ka gingta.

Fellah ka kisa lawtel hi.

"...anhuanpa...Thapa...":

Hiai Hospital a ka Posting tuung in Surgical Ward ah ka sem pan hi. Hiai Ward a sawtlou ka sep nung in JCO Mess ah Mess Holder nna ka sem nawn hi. Huchi in kum khat khawng hong beita hi. Hiaisan a kal nih khawng k'on sep nung in a anhuanpa uh, Gurkhali-te Thapa kichi hi ven, ka houpih hi. "Thapa aw, nang hiaisan a anhuan a n'ong omkhak zenzen ka kipak lua hi. JCO-te'n na anhuante limlou chi a khatvei leng hon Report nailouh ziak un kipahhuai ka sa hi. Tuban ah leng an limtak leng na neksak gige ka gingta hi. Anhuan siam hon sa mahmah uh ahi," ka chihleh anhuanpa leng hong kipak lua hi. Huchi in niteng in, kougel kithutuaktak in ka omtou zel uhi.

Ni khat Thapa in, "Paite, na kiang a gennop nei ka hi," hon chi hi. Ke'n leng, "Gen in, gen in," ka chi pah hi. Ama'n tuh, "JCO-te Ration kidaihzai mahmah ahi in, a Breakfast ding uleh a annek dingte uh a limthei tawp in ka bawlsak di'a ahihhang in a Ration lak uah antang leh sathau (rice and ghee) ka spare theih zahzah kei tan ding in ka spare ding. N'on awi hia?," chi in hon dong hi. Ke'n leng, "Hoih lua! Huchia na spare theih liaileh antang leh ghee kia hilou in atta leh chini bang leng na spare theih zahzah la in. Nang, na zi leh tate toh Family Quarter a om na hih chiang in na poimoh dandan la in. Hilehleng JCO-te'n an limlou hiam, Ration kidaih lou chih hiam a Complain a hon neih louh ding uh ahi," ka chita hi.

Kha teng in Ration Spare tampipi a lathei zel a, JCO-te'n lah bangmah Complain ding nei lou uh. Huchia an limtaktak leh meh limtaktak hon nek chiang un denchia Ration a hong kidaih louh ding lau ua, "Ngai aw, Paite (sepaih sung ah kei min bel 'VS Paite' chih a theih a om ahi a), denchia an Supply a hong kidaihlahkhak ding hoihtak a na et ding aw?," khawng hon chi zel hi. Huchi in, kha leh kumte hong beitou zel a a Ration uh lah kidaih lou chih om ngei kei a, buhlim-mehlim a ne gige ua, JCO-te kou tegel tung ah a kipak uhi. "Nou gel na hong om uleh Supply kidaih lou chih lah om lou. An limtak, singpi leh sang limtak kidawn gige," chi in hon phat zezen uhi. Ahi a, en bel amau Ration duhpih lou i hih chi'a kidaih hi mai hi. Ka ma a Mess Holder a a na pangte leh Cook a a na omte'n a Ration-te uh zuakguksak zel uh a hih lam bang amaute'n theikhe pan phet uhi.

"...ka kingeih hetkei taget zel...":

Huchihlai in, Officer khat, 2nd Lieutenant, Training Centre apat Posting a hong pai khat a om hi. Hiai pa toh ka kingeih hetkei taget zel uhi. Ama'n hiai Hospital a semte pen Recruit-te kol a hon kol a tum a, kou tuh Recruit hi nawn teuhlou a Field a kum thum, kum li va Service khinsa ngenta kihita. Field a kipan a Peace Area a ka hong pai deklai un Quarter Master-te'n ka Kit (vante) uh etkhiatna Kit Lay Out hon bawlsak masa uhi. Huchi in, i van kimtak toh Peace Area ah hon paisak ua, "Hiai na vante uh Peace Area na tun chiang un huai ate'n na vante uh Salvage Board bawl in a thawn (free payment) in a thak in hon na kheksak vek ding uh," chi in hon paisak uhi.

Sepaih lak ah Field Area a kichih chiang in 'gal gam' genna hi a, 'peace area' a kichih chiang in 'gal om louhna, muanna omna mun' genna ahi. Field Area ah bel puansawpte (Dhobi or Washerman) om lou a i puan ninte ei leh ei kisawp ngai a, puankhui (taylor master ahihkeileh dharji) om lou a i puan a siatleh eimah kikhui ngai a, nek-le-tak khempeuh leng sorkal in a thawn a hon piak vek ahi hi. Huchibang mun a kum thum, kum li i va om chiang in i puansilh leh teente kisawp man gige lou a hih man in niin in mual deuh uhi. A nit, a molh kia hilou in a sia, a kek mah leng tampi hong om hi. Huchibang a puansilh lui leh sia Field a kipan a i hon puakte Peace Area a i Unit munmun ah a thawn in hon na kheksak vek ua, a thak a hon na piak ding uh chih sepaihte daan ahi. Huaiziak in, kei leh ka lawm dangte mi sawm-le-khatte puansilhte leng Salvage Board bawl ding ahi hi. Hilehleng ka tun tuung ua Kit Lay Out (vante etkhiatna) neih a hih nungsiah huchi in omden a, hon kheksak ngei lou uhi.

"...Salvage Board bawlta un...":

Ni khat ka lawmte khat in ka kiang ah hong hoh in, "Paite, nang i lak a Senior-pen na hih chiang in Salvage Board bawl ding Report hoihtak in hon bawl in. I puante sethei lua a a silh mahmah leng zumhuai lawta a, nop nawn hetlou ahi," hong chi hi. Ke'n leng tua nitak Roll Call-na ah ka Report pah hi. Nipikal khat ka ngak ua, ka puante uh Salvage Board bawl in om tuankei hi. A tawp in kei leng ka heh a, a nitak teng in, Roll Call chiang in 'Salvage Board bawlta un' chi in Report ka bawl gigeta hi. Hiai ka Report pen Company Commander tan tung lel a, CO (Commanding Officer) tan tungtou ngei lou ahi chih a khonung lam pekpek in ka theikhe phet hi. Hiai ka CO uh bel 2nd Lieutenant khat, Training Centre khat apan a hong Posting thak ka chih pa ahi. Hiai Unit a hong tun in mohpuakna (in-charge) tuamtuam a la pah a, huaite tuh Company Commander In-Charge bang, Quarter Master In-Charge bang, Officers' Mess In-Charge bang ahi. Portfolio haungel chi ni. A kisathei huntawk hi. Piandan in amah mineu, kei chia khawng phet ahi a a min bel Gaikwad ahi.

Ka vante uh Salvage Board bawl ding thu a nitak teng a ka Report bawl pen zachim lawta ahi ding a, amah leng ka Roll Call-na uah hong telta hi. "Hiai Salvage Board bawl ding chih nitak teng a Report bawl gige kua na hi ua? Hong dingkhia in, mipi mai ah!," chi in a heh-a-heh in hong kikoukhe loiloi mawk hi. "Fall Out, quick!," a hon chihtak in kei leng mipi mai ah ka dingkhe pah a, amah zahtakna 'salam' pia in, "Number 13906862 Sepoy A/A VS Paite," ka chita hi. Huaitak in ama'n heh-a-heh in, "Dekho, der foot wala! Jungali admi! Tere liye panagarh clothing store mein kapra nahi hain!," ("En aw, feet khat-le-alang pa! Gamlak mi! Panagarh puankoihna mun a nang aa ding om lou ahi!") hon chigawp ekta hi.

"...a siasia hon silh un...":

Ka tung a a hehna bel tua nitak kia a hikei. Ni khat CO-pa Inspection bawl ni ding khat in ka lawmte khat hong pai in ka kiang ah, "Tuni CO-pa Inspection bawl ni ding hi a, ka puante lah a keksa ngen hi a, a kek lou na neihleh tuni hon khelsak ding na diam? Bang chih ding a hia?," chi in hong dong hi. Ke'n bel, "Puan hoih deih a Salvage Board hon bawlsak un chi a Report bawl gige hang a lah kuama'n hon ngaihsak lou a hih chiang in puansia (puankek) leh a ninte silh a, a kek lou neite'n leng a kek pen mah i silh chiat ding un hoih ka sa. Huaiziak in a siasia hon silh un," ka chi hi.

A sun dak sawm-le-khat in CO-pa Round bawl ding in Unit sung ah hong vialvak petmahta. Ka lawmte'n puan hoih loupipi a silhte uh a muhtak in Company Commander-pa kiang ah, "Bangchidan a hia? Tangvalte Uniform hoih kei thei na tel e!," chi pah hi. Company Commander-pa'n gen ding thei lou in zumtak in om hi.

CO-pa Inspection bawl zohtak in Company Commander in tua puanse silhte lak a khat sam in, "Bang di'a puankeksepi khawng CO-pa muh a na silh hiam?," chi in nakpi in taigawp hi. Amah leng lau lua in, "VS Paite in puankek hon silh in a chi a ahi," a na chi zenzen hi. Tua phet in Company Commander-pa kei tung ah heh law mahmah in kei tung ah Charge Sheet bawlkhum hon tumta hi.

"...Lieutenant sappa toh... kinakha...":

Huai malam in leng hiai Lieutenant sappa toh khatvei ka kinakha ngei uhi. Ration Store a JCO Mess a ding Ration la ding a ka kuanleh tua ka sappa uh leh sepaih bangzahhiam Office kiang ah a na om uhi. Bang hih ahi ua chih ka thei kei. Kei muh ma in amau kei hon na galmuh khin uh a hi ding. Khut hong kibengging kalhkalh hi. Huai zoh in singsit (muk mutging) ka za nawn hi. Tua zoh in, "Hei! Hei!," chi a kikouging khat ka za nawn hi. Huaitak in ka etleh sappa'n khut vaan in hon na sam zazauh a, ka lawmte khat in, "Paite, sappa'n nang hon na samsam ahi," hon chi hi. Ke'n bel a tuung a kei hon na sam thahah di'a um lou in, amau chiamnuih bawl uh hiam hi'nte chi a amau leng en khollou a ka pai ngeingei a pai ka hi hi.

Kei hon sam a hihleh chi in a kiang uah ka va pai a, sappa 'salam' ka pia hi. "Mihai! Gammanglak mi! Koilak a pai sawm na hia?," hon chi hi. "Ration Store ah," ka chihleh a gei a om mi khat in, "Amah, Paite pen JCO Mess Holder ahi," a na chi hi. Sappa'n bel, "Hiai mihai khawng Mess Holder a neih (zat) bang a phatuam di'a," a chi hi. Huai khit in, "Bang di'a k'on sap tuung a hong pai pah lou?," chi in a heh-a-heh in hon dong loiloi a, kou gawpgawp toh hon thuah hi.

A tawp a ka hehtha hong suak gawpta. "Sap, nang kei hon sam in khut peuh bengging kalhkalh chin a, na muk peuh mut (singsit) chin a, huai chiang a 'Hei!, Hei!' peuh chi mawk chin a ke'n chiamnuih bawl hon sa," ka chihleh hong heh semsem hi. Heh law petmah in a khuttal in hon kawk a, "Pai aw, gamlak mi," ("Bhag jao, jungali admi") hon chi a, ka paisanta hi. Store a Ration ka lakkhiat (draw) zoh in JCO Mess ah ka paipih a, anhuanpa Thapa kiang a ka thiltuah thute ka genleh ama'n leng hehhuai hon sakpih mahmah hi.

Ka puansilhte (uniform) uh a thak a hon kheksak tuan nailou a hih chiang in Report ka bawltou zel hi. A tawptawp in ke'n leng CO-pa kiang a pai theihna ding ka ngen khongta hi. CO-pa kiang a Pace ka pai ding lah hon phal kei zel uhi. Company Commander-pa'n tuh hon chimtak mahmahta. Hon mudah gawpta hi. Ka kimuhkhak chiang un leng ka ki-etdan mahmah uh leng a nuam nawn hetkei. Unit khat sung a omkhawm i hih chiang a lah kimuhkhak louh chih om thei lou a. Ke'n lah Salvage Board thu mah Report bawltou gige zomahlai.

"...Charge Sheet k'on bawlkhum ahi...":

Ni khat Ration la ding in Store lam ah ka va pai leuleu hi. Company Office kiang ah Company Commander-pa a na om hi. Hon na sam a, ka va paileh Canteen a Panama Cigarette va la ding in hon sawl hi. Canteen a ka va kanleh Canteen Manager in heh chi sim kawm in, "Amah Supply In-charge hilou mo? Bang di'a Panama Cigarette hong tung ngei lou, Canteen a a om nawn ngei louhna kha thum bang phata chih thei nailou a tel maw? 'Om kei' va chi ou," hon chi hi. Ka lungsim in 'hiai sappa leh sangak tung a lungkim kuamah om lou hi ding eive' chih ngaihtuah kawm in Company Office lam ah ka kik nawn hi. Sappa ka mu kei a Office sung ka va en a, lah a na om tuankei. Ration Store lam ah ka taisanta hi. Ration ka va laak zoh in JCO Mess lam ah ka kik nawn hi.

Salvage Board bawl ding thu ka Report nawn leuleuleh nitak in, Roll Call tawp in, "Nangpa'n 'Charge Sheet hon bawlkhum ding ka hi' ka chih thei lou lailai mo?," hon chi hi. A zingchiang in JCO Mess ah sun dak 10:30 in Havildar Major-pa hong hoh in, "Paite, kintak in Company Office ah hong pai zok in," chi in kintak in hong noh hi. Huailaitak in kei bel PT Dress puankhedap bun, khekol tom teeng a tawnzau silh a na om ka hi. "Hichi Dress in maw k'on zuih ding?," chi a ka dotleh ama'n leng, "He," chi mawk hi. Company Office ka tuntak in Company Commander in Pace di'a hon sap a na hi mawk hi. Ka tun phet in Commander-pa kiang ah hon Pace pah mawk hi. Office sung ka luut phet in koutheih-koumoh in hon na kougawp pah hi. "Gamlak mi! Mihai pa! Zumna leng thei lou! Unit sung teng susepa. Thuhilh louhlouh ding hilh a mi lungsim teng sukniamsakpa. Bang di'a ka mai a hichibang Dress toh hong ding ngam mahmah na hia? Bildoh in ngai oh! Charge Sheet k'on bawlkhum ahi. Zingchiang in CO-pa kiang ah na pai ngai inte. Sajai (gawtna) na muh bangbang toh lungkim ou," hon chi hi. "Nang mipa, misual, thadah, thumangloupa! Tung ate zahtakdan leng thei lou pa. Ginomna nei lou pa. Muantakna himhim neilou pa. Migilou, sepaih pangtaak leng hi keiteh. Taimang ou!," hon chi gawpgawp hi. "Hilh-a-hilh lah pa. Na suahsuah suak in!," chi in hon pawtkhesak hi.

"*...Commanding Officer-pa mai ah...*":
A zingchiang tuh Commanding Officer-pa mai a ka din ni ding ahi chih thei kawm in, hoihtak in ka kigingkhawl a, ka puante hoihtak in ka nawtsak a, khekol leh kawnggakte tesetset in ka koihta hi. A zingchiang dak sawm-le-khat in Commanding Officer mai ah dinsak in ka omta. Company Commander in a hon hekna Point-te CO-pa'n a banban in hon dongsuk hi.

CO-pa mai a dinsak a ka om ma, Office kong a ka omlai in, JCO-te ka kiang ah hong pai in bang thu a Charge Sheet bawlkhum a om ka hi hiam chih khawng hong dong uhi. Ban ah, CO-pa mai zuaugen louh ding, thudik kia gen ding a hihdan leh paukam sia himhim zat hetlouh ding a hihdan leh dotnate khempeuh hoihtaktak a dawn ding chih khawng hon na hilh uhi. A tawpnapen ah Senior JCO-pa hong pai in, "Paite, na pawng patauh louh ding. CO-pa hon dot peuh lungsim kipak kawm a hoihtaktak a na dawn ding. Mawk pawng lauthawng louh ding. Thu a diklou (zuau) gen hetlouh ding ahi aw? Lungmuangtak in om in," hong chi nawn hi.

"...*heek a om...*":

Hiai a nuai a Point-te a heek a om ka hi. CO-pa hon dotdan dungzui in:

Dotna : Na min, na Number gen ou.

Dawnna : Number 13906862 Sepoy A/A VS Paite.

Dotna : Nang bangziak a na saappa Respect (salam) pe lou?

Dawnna : Saap, ke'n kei sang a Senior-zaw sepaih NCO, JCO leh Officer peumah Respect louh ka nei ngei kei. Kum sagih val ka Service-ta a amah loungal in "n'on Respect (salam) kei" a chi om ngei kei. Respect lou a hon chihna ding a ziak ka thei kei. Salvage Board thu Roll Call chiang a Report ka bawl gige ziak a hih kei ngalleh. 'Report tuaban na bawl thei nawn kei ding' a hon chih nung a leng ka vante lah a thak a hon kheksak ngei lou ua. Report ka bawl teiteileh, ni khat, heh law mahmah inchin Roll Call tawptak a mipi mai a hon kougawp zialzial a, 'Dekho, jungali admi! Der foot wala! Tere liye Panagarh Store mein kapra nahi hai' hon chi mawk inchin. Kei leng heh lua ing a, 'Ahihleh Feet khat-le-alang phet a di'a puan om lou a, Feet nga, feet guk a saangte a di'a lah om ngal a; kei a ding kua'n negai a hia?,' ka chihleh heh semsem a hon vaw dek a, ka lawmte'n a khouh uleh tawpkik hi. Huai gen hi'nte. Huai nunglam, zan sun in Havildar Major-pa'n Company Office a hoh di'n hon sam a, JCO-te Ration lakhin, PT Dress toh ka omlai ahi. 'Hiai ka PT Dress toh maw k'on zuih ding?' ka chihleh, 'He. Huchi Dress toh kintak in hong pai zok in,' hon chi a, ka zuihleh Company Commander kiang a hon Pace mawk inchin. Saappa heh law mahmah a, "Hichibang Dress toh ka

Office a n'ong luut mahmah! Mihai pa! Uinou! Jungali!," a hon na chih toh, theihpatawp a hon na kougawp ekek zel inchin. Ke'n lah, "Jaise order mila, jaise aiya hung, Saap," ("Saap, thupiak ka muh bangbang a hong pai ka hi") ka chi hi. Ama'n tuh salam (Respect) pe loudan a hon koih hi'nte.

Dotna : Bangziak a na Commander-pa kiang a 'Clothing Store, na pa nekgaih hiam?' na chih a hia?

Dawnna : Saap, ama'n 'feet khat-le-alang pa, gamlak mi! Nang a ding Panagarh Store ah om kei' hon chihsan inchin. 'Feet nga, feet guk a saangte a di'a lah om a, kei feet khat-le-alang a ding puan om lou a hihleh ka pa'n hon nekgaihsak ahi maw?' ka chi a, amah pa' nekgaih ahi ka chi zenzen kei hi. Saap, kei pa'n negai hiam ka chih a hizaw.

(Adiktak in bel ka Roll Call-lai ua, ka kinaklai ua 'na pa'n Store negai hiam?' ka chih ekleh heh law mahmah inchin hon vaw dektak ahi hi).

Dotna : "Hiai mipa, thuneitute lak a hel ding a mite hilh leh nasempa (sedicious person) ahi." Bangziak a nang huchia nna sem na hia?

Dawnna : Saap, ke'n huchibang in nna ka sem thei kei ding. Ka sem kei. Army daan in mite a hoihlam hiam a selam hiam a pii thei ding leh hilh thei di'n Promotion ka muh ngai hi. Tu'n bel kei sepaih maimai ka hi chih a hon theihsa ahi. Huchibang gen thei leh sem thei ka hi kei.

Dotna : "Hiai mipa Unit suminsia ahi. Mite lungsim a sukniamsak (moral down) a, Discipline a susia (breaks discipline) a, thumanglou di'n mite a hilh." Bangziak a huchibang a na gamtat hiam?

Dawnna : Saap, Unit khat min susia a mite Moral Down-sak a, Unit Discipline susia a thumanglou di'a mite thuhilh thei ding kei kua ka hia? Commission Officer khat in sepaih khat maimai a heekna ding in thupi ka sa kei. Field a kipan a hiai Unit a ka hong Posting uh kum khat phata a ka vante uh tuni tan a a thak a khek om nailou a, kou a di'a zumhuai mahmahta hi.

Ni khat, ka lawmte khat ka kiang a puan (Dress) ngen di'a hong hoh a, "Tuni CO-pa Round (Inspection) bawl ni ding hi a, ka puan (Uniform) teng lah se vek a, nang aa a kek lou hon khelsak in. Tuni kia," chi in hong ngen hi. Ke'n bel, "I puante se lua a 'a thak hon peta un' chi a ka Report gige hi a, hon kheksak nuam lou hive un CO-pa mai a leng kizum thei nawnta lou a hih chia'n se lele nou aa mah hon silh chiat un," a na chi ing a. Saap, huai ni thu gen a hi ding. Company Commander-pa'n, 'Bang di'a CO-pa muh ding a puansia (a kek) silh na hi ua?,' chi a dotleh salh (taigawp) thuah inchin, ka lawmpa khat un lau lua inchin, Company Commander-pa'n lah nakpipi a tai-ekek a hih chiang a a tawp a ama'n leng, 'VS Paite in puan setata silh in hon chi a ka silh ahi,' chikhong inchin huaitak a Commander-pa'n kei gawt teitei hon tum ahi. Saap, huchibang a Unit suminsia a mite Moral Down-sak a Discipline sugawp a thumanglou di'a mite thuhilh thei tuh amah ahi. Kei zaw sepaih maimai ka hi. Saap, ke'n tua thute Salvage Board bawlna di'a na kiang a hong Report ding a 'Orderly Room ah hon paisak un' ka chih chiang a ngen zou ngei lou ing a. Tuni a na mai a heek a ka omna thute dawng thei di'a sap a ka om ziak in ka kipak hi.

Dotna : "Nang mipa! Thadah na hi. Thadah leh sepaih pan kituak hetlou ahi." Bangziak a na hichi thadah a hiam?

Dawnna : Saap, kum sagih val ka Service-ta a ka thadah ziak a ka nna (Duty) ka zoh louh a om lam ka thei ngei kei. Kuamah in leng 'na nna zou lou na hi' chi a hon Report leng amah loungal ka thei naikei. Kei thu in sepaih ka luut a, thanuamtak a ka Duty peuhmah zoh vek ka tum hi. Training ka zoh apan tuni tan a Record Office in Good Service Pay hon pia ahi.

Dotna : "Hiai mipa mi ginomlou leh bangmah hih ding in a sawl theih kei. Hon taimangsan maimah. Hichibang misual ka mu nuam kei. Unit a om ding in leng ka deih kei."

Dawnna : Saap, ni khat ka JCO-te Ration ding va la di'a Ration Store lam ka va paileh Office kong a Commander Saap a na vial paipai inchin, kei hon muhtak a hon na sam a, "A kin-a-kin in Canteen ah Panama Cigarette bawm khat va la zok inla hiai ah hong pe zok in chi a hon na sawl inchin. Kei leng kin sim na ing a va etsak ing a, himahleh Canteen Manager in, 'Panama Cigarette a beina sawtta,' hon na chi hi. Kei leng kintak a Company Commander-pa omna lam a taikik pah ing a, huaisan a amah a na om lou inchin ke'n leng Office sung va en nawn. A na om lou zel inchin a tawp a kei ka hohna ding lam a zekai gawp dekta ka hih chi'a amah toh kimu lou a Ration Store lam a hohsan hi ing. A zingchiang in Ration Store kong ah hon na mu a, hon sam nawn hi. A kiang ka tun in, hehsa in, "Ba'a zan a Cigarette hong pe lou?," hon chi hi. "Cigarette om lou," ka chihleh, "Ba'a a om kei chih hong hilh lou?," hon chi zel hi. Ke'n leng, "Saap, nang a na om lou chin a, kei lah kin ing a, Store a mi omlai lap nuam ing a huailam a pai mai ka hi," ka chihleh heh lua a mi lak a hon kougawp hi ven. Huai thu gen hi'nte. Ke'n ka tung ate thu man louh nei ngei lou ka hi. Ginomlou a ka om lam leng ka thei naikei. Ama'n zaw 'miginomlou pa, sawltak theih louh pa, taimang in, k'on mu nuam kei. Unit a om ding in leng k'on deih kei' hon chi gawpgawp hi.

Dotna : "Hiai mipa Service (sepaih) pangtaak a hikei. Bangmah sep theih nei lou ahi." Bangchidan a, nang sep theih nei lou tel mo? Na Commander Saap in 'sepaih taak a hikei' hon chi tel a kei maw. Nang koilai a Training zou na hia? Koi sansan Unit ah na omkhata a? Kum bangzah na Service-ta a?

Dawnna : Saap, huchia sep theih khat leng nei lou a sepaih pangtaak leng hon sa lou a hihleh tu mahmah in ka Discharge Certificate ding hon bawlsak heh, ka puanlom zial in ka inn lam uah ka pai mai ding. Pai ding a mansa ka hi.

AMC Training Centre North Lucknow ah Training zou in ka Police Verification hong tun hak ziak in MH Babina ah kum khat ka om a, huai zoh in Field Area 406 Medical Batallion c/o 56 APO ah ka Posting nawn hi. Hiai ka Service nasa munte ah kuamah Saap in nasem taak lou leh sep theih nei lou hon chih lam uh ka thei ngei kei. Hichibang a misia leh hoih lou a Report a om a Commanding Officer mai a ka din masak ni tuni a na mai a k'ong din ahi a, zumhuai leh khasiathuai ka sakna tampi om hi, Saap.

Kum sagih leh a kim ka Service-ta.

Dotna : "Hiai mipa thadah leh thumanglou ahi. Zuauthei ahi. Guta leng ahi." Bang di'a 'zuauthei leh guta' na hia?

Dawnna : Saap, chik in a hia zuau ka gen a ka guktaak. Hon hilhchian heh. Tumalam a JCO Mess a vanmangte kei hon ngoh a hih kei ngalleh. Huailai a lah kei hong om nailou hi'ng a. Chik a zuau ka gen za a hia, hon hilh heh. Commission Officer khat hingal a hichibang thu nengneng khawng a sepaih maimai khat Charge Sheet bawlkhum chih bang amah a di'a zumhuai lel hi in ka thei hi, Saap. Hiai a ka Commander Saap in hon hekna thute 'dik na ahi' chihna ding in ka Documents leh ka Pay Book et hi henla, huaite a 'a dik na' chih chetna ding a omleh piak a om ka tung a gawtna sangpen Court Martial tan leng kipaktak in ka pom ding.

(Huai thute ka genlai in CO-pa'n a lu su ngaungau zel hi. Himahleh Commission Officer khat zet in Charge Sheet hon bawlkhum ka hih ziak in aw khauhtak in hon houpih loiloi a, mit-hah khauhtaktak in hon en gelgawp mai hi; heh lua mah bang in.)

Ka Commander-pa'n hon heekna Point-te gelh seng ding a hikei; Points sawmnih val zen ahihziak in. CO-pa'n leng Points hiai tan a gawtna ding khop a bangmah khelhna mu lou a hi ding. A tawptawp in, "Koi Unit a kipan hong pai (Posting) na hia? Na Service sung in Sazai (punishment) bangzah vei na tuakta a?," chi in nakpi in, heh lua bang in nakpi in hon dong loiloi hi. Ke'n leng awnemthei tawp in, "Saap, kei 406 Medical Battalion a kipan a hong Posting ka hi a, ka theihkhelh a hih keileh ka Training a kipan tuni tan in Punishment ka muh lam ka thei kei. Hon ngaidam in, Saap," chi in ka dawng hi. Huaitak in ka maitang hon en gelgawl kawm in, nakpi mah in, "Na Pay Book hon la ou!," hon chi loiloi zel hi. Pay Book hon ngen bel gawtna hon pe ding hita chi in ka lau gawpta a, ka chii hong liing in ka mai bang mual a, ka Pay Book bang ka lakhe zok thei kei zezen hi. Liing kouhkouh kawm in ka Pay Book a ma ah ka koih hi. Thum vei a phensuak zoh in nuihmai kawm in nemchik in hon en hi. Ka lauthawng luatdan hon theisiam ka sa mahmah.

Hiai a nuai a thute nemchikchik a pau in hon dong hi.

Dotna : 406 Battalion koilai a om ahi?

Dawnna : Saap, Tibet toh kigamgi lam a om ahi. c/o 56 APO ahi.

(Hiai thu ka genleh ka CO-pa'n 'Oh, oh! I see' hon chi hi).

Dotna : Civil ah Class bang tan na sim a?

Dawnna : Saap, Class IX tan lel ka sim.

Dotna : Army ah bangbang Class na zou a?

Dawnna : Saap, 2nd Hindi, 2nd English, 1st Ambulance Trade, 1st Map Reading leh Nursing Course ka zou. Ka Pay Book ah Entry a kibawl vek.

(Hiai thute ka genlai in ka CO-pa'n ka Pay Book en nawn. Ka gente a dik chih chianta.)

Dotna : Field ah kum bang zah na Service a?

Dawnna : Sir, kum li leh a kim zoh a hong paikhia ka hi.

Dotna : Bangchidan a Field a kum nih, kum thum kaan om louh ding chih hilou mo? Nang kum li leh a kim bang na va om?

Dawnna : Saap, a gam a vot a singtanggam a hih ziak in kou kholam toh a lum leh a vot a kibang a, nuam ka sa a ahi.

(Hichia ka dawn chiang in ka CO-pa'n 'Oh, oh! Himah ngei inte maw...' hon chi hi).

Dotna : Na khua uh koilam na chi?

Dawnna : Sir, ka khua uh Manipur gam ahi.

Hiai teng khit in ka Pay Book khat vei phensuak nawn a, huai zoh in kei hon pekik nawn hi. Ka kipak lua a, ka khitui bang a mualtuam hial hi. Pay Book sung ah a san a kigelh peuh a na om belbualleh zaw Sazai (punishment) kimu ding hi ven. A na siang hiuhiau vanglak a suakta zaw keive.

CO-pa'n Havildar Major-pa kiang ah, "Tumluk achhe jawan ko kharap mat karo" ("Mi hoihte suse kei un") chi a a taigawp ek khit in kei hon pawtkhesakta uhi. Innkong (Office kong) ah Lance Naik khat leh sepaih nih a na om uhi. "Hoih mahmah e. Pai ni," kichi uhi. Huchi in ka omna lam chiat uah ka paita uhi. A nung a ka theih thakleh kei Quarter Guard a ka lutleh kei hong Guard di'a hong kuan a na hi phiangsan uh. Gawtna pumpelh tuh ka hi photta.

"...sikha thu...":

Hoihtak in nna kisemtou zel a, JCO Mess a anhuantu Thapa in lah nna hoihtak a hon semtou zel in, JCO-te kou gel tung ah lungkimlouhna nei om khollou uhi.

Ni khat, phalbilai nitum kuan in, nisalum awi in ka lawmte uh mi li loupa tung ah lum in houlimlim uhi. A kiang ua va tu in a houlimna ka ngai hi. Sikha thu ngen a kikum uh. Ke'n bel um lou in 'na zuaupipi uh hi'nteh' ka chihsan hi. A lak ua khat in, "En aw, Paite. Hu'a pam a dil gei a Helicopter sia, Russia-te Helicopter, hiai a Accident a kia hi a. A sung a tuangte leng mi nih hi ua, si tuak uh. A kha un hiai mun tu tan a nuse nailou uh ahi. Huaiziak a hiai kiimlak a sikha laang om gige ahi. Lau lou na china a na theih chia'h nang leng lau na veteh aw," hon chi hi. Ke'n bel 'lau lou ding' ka chi teitei hi.

Tua hiai a a na houlimte bel JCO-te' Orderly ngen ahi uhi. Amau JCO-te' Orderly-te mi nga ahi ua, khat bel a lak uah tellou hi. Amau mi nga toh kei toh Thapa toh mi sagih a ding an Personal Cook House ah ka la ua, JCO-te Dining Hall ah a tuam in an ka ne zel uhi. Mi khat in ni khat an la zel in nipikal khat sung in khatvei tek an kikhel in ka la zel uhi.

Ni khat kei an laak ni ding ahi a, nitak in an la ding in Personal Cook House ah ka pai hi. Huailai bel kum 1972 a Bangladesh a buai sanlaitak ahi hi. Ka Unit uh lah Bangladesh leh West Bengal kigamgitna lak a Medical Unit Military Hospital khat omsun ahi a, a si leh a liam ka Hospital uah bangzahhiam hong tung gige a, Hospital a Mortuary (Morgue– misikoihna) a awng man ngei kei hi. Personal Cook House a an la di'a ka pai chiang un tua misikoihna kong tawn in pai ngai hi. Tua ni a an la di'a ka kuan in, Hospital Area ka tun in, Ward leh Ward kikal kikawmtuahna lampi a baang bei leh a inntung langva kikhuh hi ven, huai nuai a ka pailai in ka nung ah mi khat in hon phanoh tottot hi in ka thei hi. A Cycle ging bang leng za in ka kithei hi. Huchi in, ka nunglam en tuanlou in, "Pai aw, masa aw," chi in lamnawl ah ka ding hi.

Kuamah in hon makhelh lou a hihteh chi in ka nunglam ka en a kuamah a om kei hi. Ka pai nawnleh ka painasa nung inntung langva hong kizutging phei dondon hi. Khawl a ka etleh bangmah ka mu kei. Ka pai nawnleh ka lutung zawn a langva, khutpek a zutphei dondon khat om hileh kilawm in hong ging zel hi. Ka khawl a, ka en nawn a bangmah a om kei nawn zel. Huai Line a electric a om louh ziak in a gal lam apat a hon tatvak hiuhiau lel ahi.

A tawp in Cook House ka tung a, mi sagih nek ding an tuh kuangpi khat a lukhuk in a buh, a mehte a tuam chiat a kithun pua in ka kik nawn hi. Lampi ah Neem singkung lianpipi, a kahiang zaam zeizoi, mun khat ah pou biambuam a a nuai bang mialsak khepkhup hi. Tua sing nuai ka phak dekkuan in ka ma ah mi lianlou, kei chia ding khawng khat pai ka galmuh hi. Hiai Line a leng Electric meivak om lou a hih man in Pucca Road tung vaak hihiai in kimu lel hi. Ka mi muh pen ka delhdelh hang in kipha thei lou hi. Lah kigamla tuanlou, lah nai tuanlou in a ngeingei in ka kihal uhi. Lampi nawl mun khat ah pukhri (dil) khat om a tua pen loupa leh bi in khuh nipniap a, a nawl langtuak ah Olive sing, din sang a sangzaw deuh pou uhi. Ka mi delh nilouh pen tua Olive sing, kou lam a hong naizaw pen bul ah a na ding hi. Ke'n leng zuntha hiam hi'nteh chi in a kianglam ka naihtouhleh a na mang a, ka mu nawn kei hi. Huaitak in, tuma a ka lawmte sikha gengen hi ding eive ka chi a, ka nak lau lua a ka chii a liing gawp a, inn ka tun in leng ka pau thei zezen kei hi. Lawmte'n bangchi hiam hon sa in First Aid Treatment hon bawl hial uhi. Ka pau theih zok louh ziak leh ka chii a liingawp ziak a patau ahi uhi. Ka hong pau theihtak a ka thilmuh ka genleh a nuihza lua ua, ka awngzak uhi.

Huchibang in niteng in nuamtak in ka omtou zel uhi. Ka Company Commander-pa uh bel ka tung a lungkim thei mahmah lou zaw a hi di'a niteng in maigumsa in ka mu gige a, hou bel hon houpih ut nawn hetkei hi. Officer khat in sepaih maimaite Charge Sheet a bawlkhum chiang un amau tung ua Commanding Officer-te'n leng amau pakta tuanlou uh a hih chiang a amah a ding a leng CO-pa mai muh nuam law khol nawn lou ding in ka gingta.

"...ka natnasate hong puang nawn...":

Ni khat ka sung lam hong naa law sim a, ka tha lah a chau hi. An ka duh ginatlouh ziak tuh hi ding in ka um a, santen sim in ka om hi. A zingchiang a leng ka om nuam tuanlou a bah lam manoh a ka kitheih ziak in MI (Medical Inspection) Room ah Sick Report in ka va pai hi. A malam a ka natnasate hong puangthak nawn ahi a, Doctor-pa'n Admission hon na bawl pah hi.

A malam a ka natnasate bel santen eknai (amoebiasis), sinna (hepatits), hutkom (ankylostoniasis) leh acidity (intestinal) chihte khawng ahi. Bareilly, UP a ka omlai ahi a, Command Hospital leh Base Hospital chihte ah ka omkha tuak hi.

Tutung a Doctor-pa hon Admit-na ziakte bel sinna leh santen ziak ahi. Panagarh Military Hospital a nipikal khat val om in huai apat Command Hospital, Calcutta (tua Kolkata kichita) ah suan in ka om nawn hi. Command Hospital ah kha nih sung kep in ka om leuleu hi. Hiai damdawi inn a kha nih ka om nung in k'ong damkhe nawn photta. Ni khat, Doctor Specialist in hon sam a ka va paileh, "Na damta a tu'n kha nih suti Sick Leave k'on pia a, na inn lam ah pai phot inla va kitawldamsak phot in," hon chi hi. Tu'n dam sim lengle ka natna damsiang vilvel hi ding in bel ka ki-um thei kei hi. Specialist Doctor-pa lah Colonel ahi a ka muang mahmah zel hi. A kiang ah, "Saap, gennop nei leng ka gen thei diam?," ka chihleh ama'n, "He, gen thei tham e. Na utut gen in. Bang hiam?," hon chi pah hi. Ke'n leng, "Saap, damsiang hoih hi na ka hiam? Ka damsiang hoih keileh zaw inn lam a suti pai ngam lou ka hi. Ka khua uh singtang kho neuchik hi a, damdawi inn lah om lou, doctor lah om lou. Gari Station lah ka khua ua kipan khe a ni nih pai, 60 Miles hi a va china zel leng buaihuai law ding ahi," ka chihleh ama'n, "Bangmah patauhna ding om kei.

Inn lam a kha nih na va om sung a na nek ding damdawi tampi toh hon kipaisak na ding ahi. Huaite na va nene di'a bangmah na chi kei ding. Na hong tun nawn chiang in hoihtak in Check Up ka hon bawl nawn ding," hon chi hi. Kei leng lungmuangtak in, Sick Leave mu in damdawi nek ding tampi toh inn lam ka paita hi.

"*...ka innkuanpihte a na dam chiat uh...*":
Damkol a inn lam kipai hilim inchin, denchi'a bang mel theih louh ahihteh chi in Phaipi (Imphal) ka tun in Manipur a Army Medical Corps-te Unit Lamphelpat a a omna mun uh ka va zongkhia hi. Captain Medical Officer khat heu in a na om uhi. Huai bel ADS (dAdvanced Dressing Station) Unit khat ahi. Hiai a doctor-pa Captain kiang ah ka tanchin teng hoihtak in ka gen pah a, 'banghiam buaina ka neihleh nou kiang a hong tai ding ka hi' ka chi hi. Ama'n leng 'hitham e' hon chi pah hi. "Damlouh ziak bang, sum taksap ziak bang a na chihmohna a omleh hia'h n'ong Report di'a panpih theih dandan in kou k'on na panpih ding uh," chi in hoihtak in hon na hilh hi.

Imphal a kipan sunnung in Lamka ah ka giaklut a, a zing in Lamka apat Khuanggin ah ka giaklut a, a zing nawn in ka khua uh ka tung hi. Inn ka tun in ka innkuanpihte a na dam chiat uhi. Ahihhang in ka khote uh santenpi vei in a lum zelzul geuh uhi. Ka tanaute uh houh a gim sim khat a na om a, tua pen kei damdawi di'a ka puakte ka pia a, ni khat in tang khatkhat in thum vei ka nesak hi. A zingchiang in kholai vakkhe zou pah mawk hi. Amah pen kipak lua a hih man in, "Vungsong' damdawi ka nekleh ka dam pah," chi in kholai ah va genzak mawk hi. "Damdawi hiai zah kineta a kidam tuanlou hi a, amah damdawi i nekleh ni khat lel nek a leng kidam mai ahi," chi in a na genzak mawk hi. Huchi in khosung a damlou teng ka kiang ah hong taikhawm mawkta uhi. Khat pia a khat piak louh chih lah nuam lou a hih man in ka damdawi neklaite ka ban hawm nilouhta hi.

"...ka damdawi teng beita...china munta...":

Ka kuan nawn hun ma in ka damdawi teng hong beita hi. Ka suti leng zaw a bei dekta. Pathianni kal nih, ni sawm leh ni nga khawng lel om a hita. Pathianni zingkal khat an ka nek uleh ka annek a lim hetkei a, kam thum hiam lel ne a ka kham pahleh ka nu leh ka u in, "An tawm ne na chia. Bangchi a hia? I buh, i meh limsa lou lua maw?," hon chi uhi. Ke'n bel, "Nidang a lim ka sak luatte ngen zaw hi a, tu zing a limsa hetlou mawk hi veng aw," ka chi hi. Ka nu kiang ah, "Phaitamte kiang a ka sam va metsak ding ka hi," chi kawm in ka pawtkhia hi. Phaitamte innka ah sam ka metsak hi. Thakhat in ka gilsung hong kihawlging a, ka gil hong naa ngeeingeei in ka dailen hong suak sim a, ka sammetpa kiang ah, "Ka ek a suak sim ka chi. Na met zou dek hia?," ka chihleh ama'n leng kintak in hon met hi. Ka dot nawnleh kintak in hon met zou guih a, "Zouta ing ei," hon chi hi.

Kei leng ka tuipuan silh thakhat a paikhia in khopang lam ah ka tai a, a inn kong ua buhbuk tan tung man hamham in, tu suk phet ka luak toh ka sungphiah toh ka lu leh taw ah a kikhohkheta hi. Sisan ngen ahi a, hilehleng ka luak leh ka ek bel sisan leng bang lou in a vom-a-vom mai hi dingdan ahi. Ka lung hong am in a mun ah bangtan vei hiam lum in khua ka phawk chiang in ka inn lam uah ka paiphei hi. Lungam a puk zel, thou zel a ka paipheileh mi khat in hon galmuh a, ka insung tan uh hong kha hi. Pialkhang a 'hon khahta ohle' ka chihleh hon khah a, pialkhang ah ka pukta hi. Ka innkuante'n hon kibohhuan in lupna ah hon sial uhi. Huai hun bel zinglam dak kua vel ahi ding. Khophawk nawn lou in lupna ah ka omden a, nitaklam dak nih, dak thum vel lak ding in ka khophawk nawn pan hi. Huai a kipan in ka china munta a, ka suti bang hong bei gawp a, ka sum puak teng bang hong bei vekta hi. Ka khopihte uh dam zou di'a hon gingta a om kei uhi. Hilehleng dawihavang kal ah ka suakta nawn leuleu hi.

"...na kuan nawn hetkei ding...":

Ka nu'n lah, "Damdawi inn a om gige hon chi ua. Na omna lam a leng hichia va huchi chinat pahpah hi ding chin a. Ka muhphak louh a na va sih tel ding zaw ngaingam lou ka hi. Na kuan nawn hetkei ding," hon chi hi. "Na sihleh inn ah ka muh in si lechin ut ka hi," chi in sepaih panna lam a ka kuan nawn ding hon phal lou in kapkap mai hi. Ka nu kiang ah, "Nu, ka kuan nawn mai ding. Ka kuanna ding sum i zong di'a ka va kuan nawn di'a huchi in tawp (Discharge) ding in k'ong pai thak ding. Ei thu a mawk tawp a hoih kei," ka chi hi. Sum ka zon uleh lah ka mu zou kei uh. Tam leng ngai lou a, Teng sawmli, sawmnga lel omleh leng hun lua hi. Teng sawm-le-nga hiam sawm-le-guk hiam mu lengle Imphal tan tung peuh leng huai a ADS a Commander Saap in aban ka paina ding hon ngaihtuahsak thei mahmah ding hi. Hilehleng ke'n bel sum Teng khat lel leng ka neita kei a, sum leitawi ding leng ka mu zouta kei a hichi in ka omdensuk maita hi.

"...k'on Discharge-ta uh...":

Kum thum hong chin in ka Warrant hong om hi. Ke'n Chance khat ka neihsun huai kia a hita. Police-te'n hong sap chiang ua zuih di'a, ka Unit ua kikhaksak ding chih lel ka tup ahi a, huai leng a lem thei keilai zomah hi. Kum li vel a hong hih in Record apan lai hong pai a, "Na lai poimoh teng leh na sum ding na District Soldier Board ah na la in. K'on Discharge-ta uh," chi in lai hong tung hi. Huai leng ka va la zou keilai hi. Mi ka thukhahleh lah a va kan ngam keilai uhi. Ta thum ka neih tan ka khua uah ka teenglai hi. A vangkim in china zelzel mah leng a kallak in nasem-silbawl in ka taang thei zel sam hi.

"...damlou kepna lam ka lunglut...":

Sepaih lak a ka om sung in singtang khota a teeng a kihih ziak in damlou kepna lam ka lunglut a, huchi in First Aid Class lam ka hah zil hi. Huailou in, damdawi lam a leng lunglut sem ka hih man in Homoeopathic damdawi lam ka hah sin deuh hi. Amasa in Kerala a om Navelikara a om Grace Medical Mission ah 2nd Class in Homoeopathic damdawi ka Passed hi. Huai nung in Diploma ka hih thak hi.

Huchibang a Homoeopathic damdawi ka na theihkhak ziak in hiai damdawite in ka sumsin thei zel hi. Ka natna hong damsiang a khualzinkhe zou dingdan a k'ong hattak in damdawi zuak in ka zin zelzel hi. Hilehleng a damdawi ka laak chiang a Payment pahpah ngai a hih chiang in tam ka la zou kei a, tam ka met thei kei. Kum 1976 in Tuilakzang ah ka teeng uh. Kum 1977 in Ngalzang khua ka tung leuleu ua, kum 1980 kum tan huai khua ah ki-om hi. Kum 1981 in Singngat ah kipem leuleu hi. Kum 1997 kum a gallai in melphelhlai thau in ka pheipi bul hon kapkha a, a tang leng kilakhe thei lou hi. Ka sih chiang a thautang khat keng a vui a om dingdan ka hi mai.

"...i pau khangtou zaw ding...":

Kum sagih val khawng vaite lak a ka om sung in, eimi lah om lou, kei kia ka hi. Vaipau bang leng ka siam kei hi. Hilehleng a hon simmoh hetkei ua, a pau uh i siam louh bang leng hoihtaktak in a dikzaw hon hilh uhi. Churachandpur District sung ah Paite a tampen hi. Nam dang, ei sang a tawmzawte kisimmoh bawl hileh kilawm. Nam dang mi Paite pau a hong pau chiang ua kinuihsan in a paudan kichiing gawpsuk hileh kilawm ka sa. Hiai chindan khentuak ka sa mahmah hi. A diklou a eipau a a hong paukhak uleh leng nuihsan mawk sang in a dikzaw hilh lehang i pau khangtou zaw ding in ka ngaihtuah hi.

Kum 1997 a gal buailai a ka liam ziak in Lamka Hospital ah puak in ka om hi. Huailai in damdawi inn ah Paite damlou kitampen hi. Meitei, Hmar, Zou leh nam dangdang ki-omkhawm a kuamah kisimmoh leh kinuihsan om lou in hoihtaktak in ka kihou thei uhi. Ni khat Mizo numei khat ka Ward uah damlou veh in hong vaak hi. Mi a en velvel a, damloute lak ah panpihtuak a saksak sum Teng 10 pia in a ban ah pai zel a, kei leng hong pia hi. Amau mi kia panpih ding hileh huai minu in ka Ward sung uah Lusei mi khatmah leng om lou hi. Nampi lungsim paw zawdeuh ahi ka chi hi.

"...Pathian tung ah ka kipak mahmah...":

Damdawi inn a kipat ka pawt in Gangpimual ah mi inn luah in ka om uhi. Huai apat Tangnuam ah ka kisuan uhi. Kum 2005 in Tangnuam ah innmun lei in ka tengta uhi. Himahleh a u Valte Vumzamuan in November kha a a hon beisan nung ahi a, khitui-naptui tampi toh inn kilam a kiteng a hih ziak in a nopna leh lungsim kipahnate a bukim thei nawnta kei. Himahleh a nung sawtlou in ka naute'n TV hoihtak bang hon lei ua, ka chimthawina in sunni tumtum in ka en a, ka lungngaihna hon hehnem mahmah hi. Huaiban in, mobile phone bang hon lei ua, ka tutmun ah khual gamlapi a omte toh ka kihoupih thei ua a nuam mahmah hi. Huailou in Tape Record leng ka nei ua, Radio toh kithuah ahi a, Radio bang ka ngaingai hi.

Ke'n bangmah sepzoh-bawlzoh nei nawn lou hi mah leng leng ka naute leh a nu'n bangmah tasam lou ding in hon koih zou gige ua ka lung a nuam in ka kipak hi. Damdawi ka deihleh ka naute'n ka deih zahzah hon leisak ua, nek ding, dawn ding ka taksapleh a nu'n hon puak in nek leh dawn bangmah tasam lou in hon koih hi. Kei hon kemtu ding zi leh ta hoih hon pia Pathian tung ah ka kipak mahmah hi. Huan, kei hon enkoltu amaute tung ah leng kipahna genseng louh om hi.

Mi nek bang lah ne thei nawn lou ing a, mi dawn bang lah dawn thei nawn lou ing a; a limpen, a alpen ne lengle ka kam a bangmah a a lim om nawnta lou a hihchia'n 'kei a di'n zaw sihsuk mai hoihzaw' ka chih chia'n lah ka naute'n 'mawk paupau ke'n' chi in hon awilou zel uhi. Nidang a ka naute (tate) neuchikchik a hihlai un ka damlouh zek chiang in amaute nungak-tangval hong hih ma ua a neuchiklai ua ka sihsan khak ding lau lua in ka chinat zek chiang in Pathian kiang ah damna ngen in hah thuum in ka thuum zel a, Ama'n leng ka thuumnate hon dawngtou zel in ka zi leh tate toh hon damkhawmsaklai a, Pathian tung ah ka kipak petmah hi. Tuni chiang in ahihleh ka chinat chiang in damna ding lam ngen khollou in ka ta masa Valte Vumzamuan toh Pathian kiang lam a ka omkhawm theihna ding uh ngen in ka thuum zawta hi. A ziak bel, kei ka hinna khiatlahhuai nawn hetlou a, ka tate lah a neupen leng kei chia bang phata a hih ziak in amaute lungkhamsak lel ding in omom nawn dah leng ka chi hi.

Akhenchiang in TV sang in Tape Record a laa kisate bang ka ngainuam zaw a, Radio a News-te bang ka ngainuam thei mahmah. Adiak in Paite Program bang ka ngainuam thei mahmah hi. Innsung a TV, Tape leh Phone khawng toh ka om hang in ka et zoh louh hun tam hi. Radio bang leng ka ngaih peih louh hun tam hi. Akhenteh ka veilam phei bul naa in ut bang in ka vialvak thei kei a, huai chiang in ka phei guhngek sung a thautang om pen a kilakkhiat louh ziak a de-aw peuh ka chi hi. Akhenchiang in ka taklam liang hong naa in ka khut in bangmah sem thei lou a, huai chiang in 'ka ban zeng (zawgawp) ding hi'nte' ka chi hi. A vangkim in lah ka sung naa pahpah a, akhenchia ik thuuk vemvom ikkhe zuazua zel ing a. Akhenchia a thuuka-thuuk bang lawkhia ing a, akhenchiang a lah ka dailen ek a vom-a-vom chiik deuh mai ngen bang thakhia ing a, huaichiang a ka neulai a ka pa'n 'damlou ek vom chiik lua zaw a si nuam uh' a chih bang ka phawkkhe zel hi.

"...Homoeopathic damdawite ka zatna ziak...":

Gilnaa-lainaa a ka om a, khutnaa-khenaa a ka om chiang a ka naute'n damdawi ka deih zahzah hon pia ua, amaute'n hon kem hoih zou uh ka sa a a tung uah ka lungkim petmah hi. Ke'n amaute na kem zou lou ing a, school nangawn leng hoihtak a amau ut bang a na kaisak zou lou hi'ng a. Tua amau hon kep zoh bang ua ke'n amau a na kem zou hi leng nuam na mah in chia ka chi hi. Ka damdawi zat bang lah Homoeopathic damdawi hi zomahlai. Hiai Lamka khosung a om lou. A naipen a leng Phai (Imphal) a va lei ngai hi zomahlai. Huchi in leng amaute'n ka damdawi ding a poimoh zahzah ka kiang hon tun pahpah mai uhi. Hiai Homoeopathic damdawite ka zatna ziak tampi om hi.

1. A damdawite uh a lauhuaina omlou (harmless) hi. Banghiam a va nekkhelhkhak hiam, va nek tam luat hiam khak ziak a leng poison-lua om lou hi.

2. A damdawite uh a nasepte uh kingang in kiallap mahmah mai hi. Gilnaa khawng bang a i kituahpihtak i nekkhak in tuh minutes nga leng pai man lou in nuam pah mai hi.

3. Damdawi dangte ah 'Poison/Dangerous' chih kigelh pahpah a, Homoeo-te ah bel 'no poison/harmless' chih kigelh pahpah hi.

4. Damdawi dang ah 'side effect' hoih lou, a natna sangmah a leng lauhuai zaw chih om thei a, Homoeo damdawite ah bel 'no side effects' chih ahi. Side Effects a om hialleh leng lauhuai lou hi.

Damdawi dangte sang a Homoeo damdawite hoihzawkna tampi omlai a, gelh seng lou i hihna ah hiai teng in hunsak ni hang in, hun omleh tunung chia tamzawsem gelh ding in limsit ni hang.

"...Homoeopathic damdawi zil uthuai na e...":

Ni khat Calcutta (Kolkata) a Howrah Bridge (Leipi) tung a ka omlai ua mi khat hong pai ka na etleh a dangtawng san pialpual in ka na mu hi. Lamdang sa lua a hoihtak a ka na etleh a nak lak teng om lou a hawm pialpual ka mu a, mulkimhuai ka sa lua hi. Ka lawmpa kiang a, "Hiai mipa bangchidan a?," chi a ka dotleh, ama'n, "Hiai mipa maw, a nak a Cancer om inchin Doctor-te'n a atkhiatsak uh ahi. Tua ama'n naklem lah thuahsak zou lou inchin hichi mai eivoi. A tuung in Homoeopathic Doctor-te kikemsakleh zaw Operation louh a leng damdawi a sukdamsak maithei hi ua," hon chi hi. Ke'n leng, "Homoeopathic Doctor-te'n Cancer bang leng Operation louh a sudam thei uh hia?," ka chihleh ama'n, "He. A kipattung a a sukdam uh a tam mai," hon chi hi. Hiai ka lawmpa bel Homoeopathic damdawi a na zil khinsa ahi hi.

Military Hospital, Babina a ka omlai un ka lawmpa Ram Singh hong hai gawp mawk a, Mental Ward ah ka koih uhi. Tunung chiang a Calcutta a Mental Hospital a thot ding chihdan in. Ka lawm dang khat in, "Ngaidih, Paite. Hiai i lawmpa tuh Mental Hospital a paisak sang in Homoeopathic Doctor-te kepsak hile uh a sudam pah zaw ding uh," chi hi. Ke'n leng, "Homoeopathic Doctor-te'n mihai bang leng sudam thei uh hia?," chi a ka dotleh, "He, mihai tampi sudam uh ahi. Hiai i Doctor-te un mihaite a di'a hoih ding damdawi leng a neih louhpi uh. Ihmut suahna khawng hah piak-in-peve unchin, a damloute lungsim suchau deuhdeuh in a tawpteh a haisa in a inn lam uah a paisak lelve uah," chi hi. Hiai ka lawmpa leng

Homoeo damdawi sinsiamsa a na hi hi.

Bareilly a ka omlai un ka lawmpa khat in vialvak ding in hon zawn hi. Ka va zuihleh mi inn khat ah hon va hohpih hi. A inn kong uh ka tun un putek simta khat in, paithei khoppipi in, liing kekeuh kawm in hon na vaidawn hi. Ka lawmpa toh hong kihou nilouh ua, amah hi in a innkuanpihte hile uh ka lawmpa tung ah a kipahthu kia uh gen in chiakzen mah uhi. "Sum a bei zahzah bei heh. Hoihtak a na hon etkol touh ngailai ding hi," kichi uhi. Hiai ni a ka lawmpa pen leng Homoeo damdawi sinsiam sa dimdem khat ahi.

Ni khat hiai putekpa damdawi inn ah hong kipua a, bangtanhiam a et khit nung un Doctor-te'n 'pawt in, hong dam inteh' chi in pawtsak uhi. A diktak in bel Doctor-te'n a zeng pen dam thei nawn lou ding a a gintak uh ahi. Ka lawmpa'n hiai mipa Homoeopathic damdawi in va kem hi. Damloupa bel a kawng nuailam, a khe teng zeng a pai thei lou himahleh ka lawmpa'n a va kep nung a hong paithei ahi hi. Ka lawmpa'n, "Hiai i Doctor-te'n zeng damdawi ding bang leng nei lou ua, Vitamin hat a kem unchin lah sudam tuanlou ua, sum tampipi damloute'n senloh uhi. Homoeopathic damdawite a man lah tawm a, lah Effective mahmah hi," hon chi leuleu hi. Ke'n leng aban ka dotbeh a, Homoeopathic damdawite hoihdan thute tampi hon hilh behlap hi. A kawng nuailam zengte a ding bang, a kawng tunglam uh zengte a ding bang, a pumpi phel khat uh zengte a ding bang, a veilam pum phel teng uh zengte a ding bang, ahihkeileh a taklam pum phel teng zengte a ding bang, chihleh zeng natna tuamtuamte a ding bang leng damdawi kimsipsip a om ahi chih hon hilh a, ka lungsim in 'huchi ahihleh Homoeopathic damdawi zil uthuaina e' ka chi sim hi.

Hiai ka lawmpa kiang mah ah innlam a om 'ka nu' damdawi ding a om diam' chih ka dong hi. Ka nu pen a sungnaa ahi. Hiai malam in ka nu at (operation) ngai di'a ka up sim ziak in ka Doctor-te uh Captain khat kiang ah hoihtak in a omdan (a natdan) tengteng gen vek sipsip in ka nu va pii mai a Operation a ngaihleh leng bawlsak mai ding chidan in ka ngen hi. Ka nu kum zah leh a natna kipatchil khawng hoihtak in a hon dong a, ka genleh ama'n 'Operation bawl lengle kum thum sung leng a dam nawn kei di'a hiai damdawite pua inla ne saksak in' chi in gilpi hatna lam damdawite hon pawsak hi. Innlam ka paitak in tuate ka pua a ka nu ka nesak pah hi. Phatuam zek mahleh deih bang zou lou hi. Ei lah kum khat a khatvei lel suti kipai a, singtang kawm a teeng i hihchi'a dak a van khak bang lah buaihuai lua. Lamka tan tung thei phet a hih chiang a amau Lamka a a va laak uh ngai a, nipikal khat bei mawk hi.

Ka lawmpa kiang a ka nu a di'a hoih Homoeopathic damdawi om ding hiam chi a ka dot pen ama'n hoihtak in hon hilhchian nawn pah hi. "Hichibang sunglam naate hiai a i Doctor-te un Operation bawl louh ngal bangmah lohthei lou uhi. A damna ding damdawi nei lou ua, at pahpah ua lah a sawttawp a kum thum kaanle dam tuanlou uh ahi. Huaiziak in hiai Homoeopathic damdawite in kem leteh na nu kum sawm a kipan sawmnih tan bang leng damzou inteh," chi in damdawi chi thum hon pia hi. Tua damdawite man ka piak dekleh hon saang nuam hetkei hi. 'Bangzah man hi himhim hiam' chih ka dotleh 'bawm khat ah Naia Paisa Sawmnih-le-nga (Seki)' chi a, nak kimat ka sa lua hi. Hilehleng a damdawi man hon saang ut hetlou hi. "Phatuam a na theihleh aban k'on piakbeh nawn di'a huai chiah a man n'on piak ngaita nave. Hiaite zaw ka lawm hoihpen khat na hih ziak a k'on hopthoh ahi," chi hi.

Ka nu'n hiaite a nekleh a hoihpih mahmah hi. Huai nungsang Homoeopathic damdawite ngen in ka kemtou hi. Kum sawmnih val hon dampihlai hi. Operation bawlsak hi leng kum thum kaan hon dampih ding in ka um kei. Huailai a ka lawmpa tung ah kipahhuai ka sa mahmah. A tung a ka kipah luatna dang khat ahihleh Homoeopathic damdawi ka zil theihna ding lampi hoihtak a hon hilh ziak ahi. Ke'n leng ka nu Homoeo damdawi a ka kepzui theih zelna ding in, a kintheilam in Homoeopathy ka zilzui pah ngal hi. Ka innlam ua ka nu leh ka ute, ka naute awlmoh ziak in kha teng in sum ka khak gige a, huaiziak in Homoeopathic Medical College-te zong lou in, sum tawmchik beina Grace Medical College, Kerala kiang ah ka zil masa a, '2nd Class in Homoeopathy' chih Certificate hon pia uhi. Huai nung in Hind Homoeopathic Medical College, Rajasthan ah ka sin nawn leuleu a, huai akipan in MDH, MSc (Homoeo) Gold Medalist Certificate piak in ka om nawn leuleu hi. Kum 1987 a kipan 1988 in Indian Council of Homoeopathy nuai ah Registered in ka om a, Homoeopathic Doctor dangte mah bang in India gamsung koipeuh a Free-tak a Practice bawl theihna phalsak in ka omta hi. Hiai MDH, MSc (Homoeo) Gold Medalist Certificate teng thum ahihleh Gold rong chi thum a kigelh ahi ua, a etlawm mahmah uhi. Huai nungsiah tuni tan dong in Homoeo damdawite ka zangtou denta hi.

"...i theih louh peuh gense mawkte i hi...":

Hiai Homoeopathic damdawite zang hilou a damdawi dangte zang hi leng kei mahmah leng sawtpek a sikhin ding in ka kigingta. Kei aa ding kia a hoih bel a hi sam kei Midang tung a ka zatnate tung ah ka hih hoih mahmah thou hi in ka kithei hi. Mihai (Mental Case), Hysteria (Kauvei), Polio vei, Zaw (Paralysis) khawng leh Gilpinaa (Peptic Ulcer) khawng ka kepdam khakte'n hon ngaina thei mahmah uhi. Eimite bel thil i theih louh peuh gense mawkte i hi uh. Thilthak khat i theihkhak nailouh uh hong om chiang in i theih louh sasa in i gensiatna ding i zong mawk hi. Huchi hilou in, thilkhat i theihkhak nailouh i lak a omkha tuh a hoihna leh phattuamna omkha zenzen hiam chih theihtup ding ahi. 'Si ut na hihke'h Homoeopathic damdawi ne ke'n!' chih peuh leh 'hiaite damdawi nete damdawi dang in zouzou nawn lou ahi; ne sese dah mai in' chih peuh, 'huai Homoeo damdawite Vai Siampute'n dawithu zang a a bawl uh ahi' chi peuh in kikhem settawk hi hang. Damdawi a lauhuai loupen, a lauhuaipen dan a gen a kikhem mawkte i hi uh. Hiai Homoeopathic damdawite pen Vai Siampute muhkhiat hilou in German-mi khristian khat Dr. Frederick Hahnemann in a muhkhiat a hizaw hi.

"...*zehtang*...":

Ka school kailai in khatvei ka lawmpa phamsa Chinzakhup toh Kum Thak chiang a zat ding sum zon ka sawm uhi. "Lai exam-na a lah Pass ding theihsa i hihteh Kum Thak chi'a i laibu man ding va zong ni," ka kichi uhi. Huchi in ka Stipend uh kha khat a mi khat a ding Teng 10 (Rs. 10 per month per student) zel hi ven, ka kithoh ua, Teng Sawmnih pha hi. Ama'n Teng Sawmnih a Phai a ka van zuak ding uh va la a, ke'n Mata a ka ute inn ah ka na ngak hi. A zingchiang in tua vante singtanglam a zuak ding in ka paipih uhi. Khua khat ah ka giak ua tua khua ah ni khat nituang in van ka zuak uhi. A khua uh bel khodung saupi ahi a, inn leng inn sawmgiat val ahi uh. Singtang a di'a khopi khat hi sam a hihna uah a khomite pil thei mahmah ding un ka um hi. Kum 1962 kum tawplam ahi hiai khua a ka hoh uh. Mualdung khat zui a teeng ahi ua, pawl khat Suahlampang ah teeng ua, pawl khat Tumlampang ah teeng ua, a kikal uah, a mualdung zui in lampi pai hi.

Ke'n Nitumna lampang zui in van ka zuaksuk a, ka lawmpa'n Suahlampang zui in va zuak hi. Mi inn khat ah sawl na kibaang hi. A sawl bel keuta hi. A kelkong (Gate) pua uah ka ding a, innsung a omte kiang ah ka vante ka galzuak hi. A inn phaitam kongkhak bul ah a pa uh puanza silh in tu khiuhkheuh hi. Ama'n hon galmuhtak in, "Hong luut in, hong luut in!," chi in khut hon vanphei kawm in hon sam hi. A kelkong bul uh ka tun phet in leng 'na zehsah (zehtang) uh hiam' chi a thum vei, li vei ka dotsa hi a, kuama'n ka dotna hon dawng lou uhi. Tua inntekpa'n a hon sap tan in leng a kelkong pawlam ua dinglai kawm in 'zehsah lou maw?' chi in ka dong thaklai hi. Hon dawng tuanlou in 'hong luut in, hong luut in!' chi in hon hehsap hi. Ke'n leng a sawlban uh ka en thak a, 'keu lawta, zehtang nawn lou uh hi inte' chi in innsung ah ka luutpheita hi.

A sangkil bul uh kaan pan in inntekpa'n, "Hong zehphi na hi! Ka kithoihna zehtang ka hi uh chih ka sawlban ua thei lou mo? Hon gaam ding ka hi!," hon chita hi. Nidanglai in china a om chiang in Siampute kithoihsak ua, huai ding in zu leh sa ngai hi. Siampu in damlou pen ni bangzah sung hiam (ni sagih khawng) inn pua a vakkhe lou ding in zehtangsak a, a zehtan ni a bei chiang in 'sianhonnna' va bawlsak uhi. Huai a zehtan sung teng in damloute inn ah mikhual va hoh phal a hikei hi. Zehtang chih a kitheihna ding in a innkong baang uah sawl baang uhi. Huchi a a zehtan sung ua mikhual a inn ua a va lutleh 'zehphi' chi in a kithoihna ua a sen teng uh zehphi pen in a dit vek ding a, huai chiang a damlou pen leng a kithoih thak nawn ding chih daan zuih ding om hi. Siampute'n sianhonna a bawlkhit chiang un bel zehtan hun beita a, damlou leng a utnana ah hohkhe theita a, a inn uh leng mikhual va luut siangta hi.

Hiai kei va hohnate leng a zehtan hun bei nung ahi. Kei dot pen hon dawng lou a 'hong luut in' chi a hahsap a a hon saplai in kei dot pen hon dawng lou a hih man in luut ut zok lou hi ing. A tawp a ama'n, 'Hong luut in. Bang van hiam na zuak? I en ding," a hon chih chiang a luut pan ka hi hi. Ama'n gap ding a hon na chih chiang in ka nak heh law mahmah a, ke'n leng, "Ngai aw, uital! Chiuh!," chi kawm in, "Ba'a 'na zehsah uh hiam?' chi a k'on dotlai a 'he, ka zehsah uh' chi pah lou e? Uital! Ka neel liak oh!," chih toh pawtkhiat ka thuah hi. Huchi in inntekpa leng hehlaw sam in innlim ah a ding a, kei a kelkong bul uah ka ding a, nak in ka kina loiloita uhi.

A mual langkhatlam pang a inn khat ah ka lawmpa leh khotualte tam sim a om ua, hon na galet uhi. Kina ka hih uh muangmoh in ka lawmpa'n a khut vaan in hon sam a huchi in amau kianglam ah ka paipheita hi. Bang thu hiam chih hon na dong pah uhi. A khotualte bel a omnate uh khat damlou thoih a omlai ahi uhi. Ka kinak thu uh ka gentak in huai a tuanvaipa khat in, "Kou, tuni a hiai a mi thoih teng mah in huai a na va hohnapa leng ka thoih uh ahi. Tuni a hiai a Siampupa mah thoih ahi a, tua hiai a kou a tuanvai teng mah huai mun a leng tuanvai mah ka hi uh. Amah tuh ka sianhonsa uh ahi. Va zehphi na hi nawn kei. Sianhonna a kibawl nung ni sagih bang paita ahi. Gap ding a hon chih ngeingeileh kou hon hilh pah in; sianhonsa a hita. Huaiziak in, amah lehgap theih ahi. Amah i lehgap mai ding uh," hon chi hi.

Hiai zahphit thu pen kuama'n bangmah hong gen nawn kei ua, huchi in a vengta. Ka vante uh ka zuak zel ua, mun khat ah mi khat in malta toh ka van uh hon khek a na tum hi. "Ahihleh na malta uh ser buuk ni," ka chih ualeh a buukna ding nei lou uhi. Huchi in a innvengte uh aa ke'n ka va kheel hi. Malta ka buuk khit un ser pen a neite va pekik pah di'n ka paita hi. A neitu (ser neitute' nu) a na om a, nitaklam anhuan hun a hita a, a meh ding uh mal in a na tu hi. A sangkil ua va ding in, "Ser k'ong pekik," ka chihleh ama'n, "Nuu... Ka buailaitak ahi a, k'ong saang man kei a hiah, dohdan tung ah, hong koihsak maidih," hon na chi hi. Huailaitak bel a anhuan phul pen a buaipihlaitak ahi. Kei leng lutphei in pangkhang konghon kiang a a dohdan tung uah ka koih a, "Hiah ka koih," chihleh paikhiatsan ka thuah hi.

A zingchiang zingsang in ser neite' pa'n, "N'on ser khelh uh hong peta in," hong chi mawk hi. Va pe khinta ka hihdan hoihtak in ka gen hi. "N'ong pe kei uh," chi in pang teitei hi. A tawp in a inn uah ka va hoh ua, ka ser koihna mun mahmah khoih zen in ka va gen hi. "Ahihleh inn nuai khawng ah a kia a hi'nte, va zong un," hon chilai hi. "Paisan phot ni," ka chihleh ka lawmpa'n, "Zonsak phot ni," a chihlai ziak in a innkhang gamlak teng uh ka zong nilouh ua, lah sunhun tan a leng ka muh tuanlouh ziak un ka paisan uhi.

Inn sawmgiat val tenna khua a ser buukna nei inn thum phet om ua, amau a naipen a hih ziak ua amau aa ka zatsak uh ahi. A inn uh ahihleh a pialphah khawng uah a vang heuhou a tam mahmah a, pialkhang ah siikna ding hoih et deuh masaloupi in kimawk pai ngam lou hi. A dohdan bang uh leng a se mahmah a, ser kuang koihna khop zaw bit hamham ahi di'a, huai a bitna muntak a ka va koih ahi.

"Na ser k'ong piak mah uh hi in, hoihtak in na innkuan un na kidong unla midang hong khelh hiam, nou na koihna uh na theih louh uh hiam hi'nte," chi in ka paisan uhi. Tua nung bangmah hong gen thak nawn kei ua, kou lah kho dang ah ka paisanta uhi.

A khua uh ka luut tuung ua hiai khua a mite pil sim ding ua ka up sim pen khial lua hi khollou keive ka chi hi.

Hilehleng mipil i chihte a pildan uh kibang lou hi. Mipil kimkhatte'n a khua, a veeng leh a chipih-sapihte a ding bang, gam leh nam a di'a hoih leh phatuam ding tan pilna nei uhi. MK Gandhi bang. Mi khenkhatte ahihleh lawm leh vual, innsak-innkhang gawtsiamna pilna nei bang leng om hi. Mi khenkhatte'n lah mahni angma kia sial siamna leh mahni gawl ding kia (eimah gil aa ding kia) a pil ding bang leng om hi. Khenkhatte lah mikhemsiamna lam a pil pawl leng om hi. Hichibang lak ah mipilte khemna thaang ah ki-awkkha nak hi.

Ka vante uh ka zuak zel ua, malta leng tampi ka ngah uhi. Ser sawmli teng Lamka ah ka va zuak ua, a dang teng mi khua khat a ka lawmpa' behte inn khat ah ka nawsia uhi. Kum Thak zoh a school luut hun nawn chiang a va lakkhiat a Lamka a zuak nawn ding ka chih uh ahi. Ser sawmli ahi ka nawtsiat uh. Huchi in ka kholam tuak uah ka va pai phot uhi. Kum Thak zoh in, school luut hun in ka malta nawtsiatte uh ka va laak ualeh ka malta uh sai-ippi nih dim phitphet hinapi ip khat kia, a tawkawdap in a na omlel a, ser sawm hiam phet a na om maimah hi. "Van zaangzaw phet hang ei," chi in, pau tam sese lou in a omlai teng pua in ka pai vengveng ua, Mission Compound ah school ka va kai nawn uhi.

Huai nunglam in ka lawmte khat Roukhum toh Santing lam ah kuva nah (pan nah) paw ding a ka kuan ualeh ak tampi ka paw daihkha ua, a khep met in Lamka ah ka zuak ua, a pi khat bel nou neisak ding chi in ka Hostel uah ka vuul ua, sawtlou nung in tui hon nei pah hi. Hilehleng a tui pen khat kia om gige a, a tui tamzaw a om ngei kei hi. Kha khat phial a hih nung in akpi pen ka gou ua, Picnic-na in ka zang uhi. Aktui ka neih sung teng uh tuh ka lawm dangte un aktui-sial dawn ding tasam lou hial ahi ding ua, a khonung lam in ka Hostel pamlam ua kawkuak sung khat ah aktui hawm tampi ka va mu uhi. "I lawmte'n akpi tuilai i neih sung teng aktui-sial dawn ding tasam lou uh eive maw," chi in ka nuinui lel uhi.

V

HOMOEOPATHIC DAMDAWI TOH KISAI TAMLOU

Mi tampite'n tulai natna damdawi a leng damthei di'a a uplouh uh, natna lamdangpipi Homoeopathic damdawite zang a damte a muh chiang un lamdangsa ua, pa pilvang tampite'n hiai Homoeopathic damdawite tanchin thei nuam in news hiam, magazine hiam a mipi vantang theih di'a a tangthu gelh ding leh advertisement khawng bawl ding in hon sawlsawl uhi. News leh magazine khawng a article gelh chih pen a simtute lungsim lazou thei di'a gelh ngai ahihban ah hun tampi bei a, lungsim tampi sen a ngai hi. Tuaban ah, nna khatpeuh advertisement bawlna di'a simbeh bang ngai ahi chih i theihsa uh ahi a, huaiziak in tutan in hiai thu mipi vantang sim theih di'a kisuah zou nailou ahi. Himahleh Siamsinpawlpi Imphal Block in 2012 kum a magazine hoihtak a bawlkhiat uah Homoeopathic damdawi thu toh kisai tamlou ka gelh hi. Huai a ka thugelh a bangzahhiamte pen "Homoeopathy" chih thulu toh YPA Headquarters Golden Jubilee Souvenir, 1953-2003 a ka na gelhsa ahi.

Amasa in, hiai thugelh sung a i zat ding thumal kibang mahmah thumte hilhchetna i nei masa phot ding:

1. Homoeopathy: Hiai "Homoeopathy" kichi ahihleh Greek thumal nih, "homois" kichi leh "pathy" kichite gawmkhawm a hong piangkhia thumal ahi. "Homois" i chih chiang in "kibang" chihna hi a, huan "pathy" pen "hihdam theihna" (the art of healing) chihna ahi. Huaibel, ei pau a mawlchik a gen in, "a kibang in a kibang sudam" (likes cure likes) chihna suak hi. Homoeopathic damdawite tengteng uapkhin vek a genna ahi a, a noun form ahi.

2. Homoeopathic: Homoeopathic i chih nawn chiang in hiai damdawite leh asiamna lam genna ahi a, adjective form ahi.

3. Homoeo: Homoeo i chih chiang in damdawi lam toh kisai a a lamtom a i genna ahi. Hiai thumal 3 gen kibangte– homoeopathy, homoeopathic chih leh Homoeo chihte zangkop a gelh nuam i hi.

Hiai homoeopathic damdawite chi tampi ahi uhi. (Adiktak in, chi sangkhat val bang a pha zou hi). Huaiziak in natna chi tengteng a ding, damdawi hoih om kimnapen ahi kichi hial hi. India gam ah chi 200/300 kikal khawng niteng in a kizang tangpi deuh.

Hiai homoeopathic damdawi bawlkhetupa Dr. Christian Friedrich Samuel Hahnemann ahi. Amah German mi ahi a, laisiam thei mahmah khat ahi. Kum 1755 in German gam ah Hahneman piang hi. Biakna lam ah leng Christian sahkhua zuitu khat ahihban ah mi kuhkal leh hehpihna hau mi ahi. Amau' hunlai in leng tulai a damdawi innte a i zat uh Allopathic Medicine pen kihahzat mahmah khinta hi. Kum 1779 in Doctor of medicine degree (MD) ana ngah in, kum

1796 in Homoeopathic damdawi bawldan ana mukhia hi. Amalam a Medicine lam a Doctorate Degree ana ngahna pen bel Allopathic medicine ah ahi. Amah kum 88 a upa ahih kum 1843 in a sita hi.

Homoeopathic principle ahihleh "Similibus Currenter" chih ahi a, huai bel "Likes cure Likes" china ahi. Ei pau in bel a "Akiibangte'n akibangte hihdam" chih ding ahimai hi. Allopathic damdawi a a maxim or principle tuh, "Contraria Contraris" kichi hi a, tua in a gennop bel "Akibanglou in akibanglou hihdam" chih ahi leuleu hi. Hiai hihdam tupdan thupi nihte akilehbulh uhi.

Mi tampite'n Homoeopathic damdawi na chih uh bang lam a di'a hoih hiam chi in dotna bawl mun mahmah uhi. Homoeo damdawite, i gensa mah bang in, chi tuamtuam tampi pha ua, natna chi tampi adi'a hoih om hi. Tulai in Doctorte'n Cancer hiam Tumour (chigah) khawng leh meimakeu (gangrene) khawngte operation leh amputation (attan) khawng a bawlte uh tampi i mukha ngei ding un ka gingta hi. Tuate a sum bei a tam luat toh, a khente lohsap theih ahihlai zawkmah toh, a kipatchil un Homoeo damdawi in enkol masakha pah hi lehang sum tawmchik bei a hihdam theih tampi om khamoh lou ding ahi. Natna khenkhat hysteria kichi bang a damdawi ding om ngellou bangsim in kigen maimah hi. Huaiban ah, mental case (lungsim buai) lamte khawng a di'a hoih ding damdawi omkha khollou a diam ah doctorte'n ihmutsuahna damdawi lam deuh ngen khawng pelel mawk uhi. Homoeo damdawite a hoihtak a etkol a hong dam zong mi khenkhat om uhi. Ta nei theilou (chiing) khenkhatte'n zong Homoeo damdawite ne a ta (nau) nei zong mi om tham uhi. Naupang (naungek) polio vei khenkhatte bang leng Homoeo damdawi zat ziak a phatuam (hoih tuan) mahmah bang leng om uhi. Kal a suang om i chih khawng bang leng

Homoeo damdawite'n hawlkhe thei thou hi. Tulai a natna lauhuai a kigen minthang AIDS i chih uh leng hiai Homoeopathte'n hihdamsek uh ahihdan leh a hospital ding dangka lakhs bangzahhiam bei a phualpi sorkal in bawlkhiat sawm ahi chih thu tuma lam in hong om ngei hi.

Laibupi bawlkhiat sawm hi lou i hihman in a hoihnate i genseng kei di'a, himahleh banghiam a natna lungzinhuai deuh leh a damdawi dingdan omthei ngellou a doctorte'n a gente uh veikha a, lungkham mangbang a omkha i om zenzen lelah Homoeopathte (Homoeo doctorte) leng va dong himhim thei leng maw? Beidot luat nung a vangpha lawthak chih bang leng om thei thou hiven!

Nikum lam khawng in vai putek leh meitei putek khenkhatte singtang lam ah hong zin ua, Lampi hiam ahihke'h gamlak a sing leh loupate hon paw nuaunuau uhi. Khua hong tun chiang un huaite damdawi di'a bawl chi in mi inn ah belta peuh in huanmin zual in a tuite natna bangbang hiamte a ding a hoih ahi chi in dawnsak uhi. Amau bang Homoepath dan a kigen in a thil bawlte bang uh leng homoeopathic damdawi dan in gen ua, khenkhatte'n a theihchet louh man un thudik bang in ana pom maimah uhi. Ahitak in, homoeo damdawite bel kihuanmin ngei lou hi. Homoeo damdawi a hatloupen (niampen) bawlkhiatna ding lel in leng dakkal 8 hun lut hi. Huchi ahihleh bel, damdawi hatzawte bawlkhiatna ding in hun tampi a lut ding chih a chiang mahmah hi.

Manipur a Homoeopathic damdawi hong lutna a sawt nai hetkei hi. Kum 1965 hiam vel in Imphal ah Pharmacy khat Rajasthan Homoeo Pharmacy kichi honkhiat in om pan hi. Huai hunlai vel mah in Zoupi skulpupa Pumzachin in leng tamloulou ana zang panta hi. Masawntou zel in, tuni chiang in Manipur ah homoeo pharmacy tamkhop omta a, Lamka khopi sung ngei ah leng i ngahtheita uhi.

Kum bangzahhiam paita in, Pu T. Phungzathang in Health Minister hihna a let masak tunglai in Lamka District Hospital ah leng Homoeopathic doctor hong om in Teddim Road ah leng Research Unit (T) khat hong om man hi in ka thei hi. Huai nung hun bangtanhiam hong dai vengveng mahleh tuma sawtlou apan in hong dawkkhe nawn a bang a, mimaltak in kipahhuai ka sa mahmah hi.

Hiai teng ban ah, mi khenkhatte theihnop nawn khat ahihleh India Government in homoeo damdawite theihpih (recognised) hiam chihleh bang dinmun a koih lel hiam chihte khawng ahi. Amasa in, India in homoeo damdawi a theihpih lawtham a, deihthohtak in a kem tou zel hi. Kum 1947 a India in zalenna a ngah lai in phualpi sorkal in Ayurvedic damdawite leh Homoeopathic damdawite gamsung a States tuamtuamte'n a deih uleh amau State chiat ah a zat uh a phalsak hi. Huchibang a omna Statete ah Board of control a om ding ua, amaute'n a enkai ding uhi. Tulel in ahihleh India sorkal in Homoeopathic damdawite pen Central Council of Homoeopathy, New Delhi nuai ah a enkol lel hi. Hiai Council pen hawmthohhuaisa in sorkal in Ministry tuam khat nuai a koih ding in Central ah ngetna om khinta a, huaiziak ahingei ding a tuchiang in damdawi innte ah homoeo doctorte leng koih in omsuak vek simta uhi. India sorkal in Homoeopathic damdawite hoihsa ahi ngei ding a, tuni tan in khamna (ban) bawlkhum a tum kei hi.

Homoeopathic damdawite, atang leh atuite (liquids) a rong (colour) a kibat vek ziak a theihkak haksa sa in mi khenkhatte'n gintat haksa a sa uhi. Hiai atang leh atuite a kibatna ziak uh i genchiang zek nuam hi. Atangte (gloubles) ahihleh chikhum pum (tang) ngou ahi tangpi a, akhente bel atangpek (tablet) leng a om hi. Hiai atangte pen kawltu (sugarcane) a kibawlkhia ahihziak in khum leh ngou thuah vek mai uhi. Atuite a siang sitset ngen ahi ua, atangte buahkhum ding a bawl ahi. Damdawitui ding a bawlkhiat ahih tung in bel rong tuamtuam nei ua, etsakna ding in, cinchona tui (liquids) pen a eng (yellow) ahi a himahleh zukha (alcohol) tampi toh huai cinchona tui i hel chiang in tuisiang sitset hong suak hi. Homoeo damdawi bawlkhiatna ah a sukdauna (diluent) pen a damdawi taktak pen sang a azah tamzaw tham kihelsek ahihman in huai a sukdauna (diluent) ding a kizang pen rong hon pumai hi. A sukdauna ding a zukha (alcohol) kizang ahihna ah homoeopathic damdawite a tangpi in zugim hong nam hiauhiau sek hi. Tua tui siang ngou sitset, atang buahna ding a kizangte pen dilutions kichi a, a damdawi kihelpihte zil in damdawi min tuamtuam hong piangkhia hi.

Homoeopathic damdawite a hoih ban ah chikim mahmah ahihna ah tulai khangthak lungsim hat leh thil theibaihte'n Homoeopathic damdawi toh kisai siamna sangzaw hon ziltou ding in ka hon hasuan nuam hi. I thukhitna ding in India President lui Pu V.V. Giri thugen ahibangbang in i teisawn ding: "The attractive attributes of homoeopathic medicine, which is efficacious, cheap, harmless, palatable and portable, have been largely responsible for its growing popularity among the ailing humanity. I, myself have been a firm believer in homoeopathy and am fully aware of its beneficient value as a preventive, as well as curative measures. Scientifically handled and rationally prescribed, homoeopathic medicine is potentially capable of bringing into fruition a speedy recovery of the patient without causing injurious reactions and obviating the contingency of the remedy turning out to worse than the malady."

Kuahiam Homoeopathic damdawi zil nuam a omleh Private leh Government a zil theihna college-te hiai website

link ah chiklaipeuh in a et theih gige ding hi.
http://www.medindia.net/education/
homeopathy_colleges.asp?page=10&state=#ixzz1TDdD8qiG

VI
HOMOEOPATHIC DAMDAWITE LEH ZOMITE

Homoeopathic Damdawite leh Zomite Ngaihdan:

Nidanglai in Zomite lakah Homoeopathic damdawi zakkhak in om ngeikei mahleh tuni chiang in miteng in i zata ua, zat zong i zang zekzekta ua, natna lamdangpi-pi, damdawi dangte'n a sukdamtheihlouhte uh bang hong dam i muh chiang in lamdang i sa ua, dawithu toh pang a asukdam peuh uh hi ding bang in i um simsim uhi. Adiktak a gen in, kum bangzah hiam paita in eimite'n Homoeo Daktorte'n dawithu toh pang a damloute sudam zel uh hi dan a gintakna ngaihdan nei mi tamkhop ana om ua, huchibang a kampau ka bil mahmah a ka zak leng bangzah hiamtak om hi. Ei Zomite pen thil muanmoh hatpi khat leng akihilim a, thil khatpeuh i bila a zakte uh dik in hoihsa mahlehang i mit-a i muh a i khut-a i khoihkhak matan ginna kiptak neih haksa bang leng i sa uh hi in ka thei.

Hichibang mihinzia i neih pen uh hoihpi bangmahleh a hoih khitvek louhna chiang leng om ding in ka ngaihsun hi.

Hichibang a damlou, daktor tampite laka ana lohsam khin a, himahleh Homoeopathic damdawi tawmchik mana damte; lungkia leh sum tampi petmah seen nung a damdawi tawmchik man a dam mawk chih, mit-a va mute'n hiai Homoeopathic damdawite lamdangsa in a tanchin (akibawldan khawng) theihchian ut zou hial uhi. Huaiban ah, midangte a ding a zong zat vek theih ding hiam chihbang a theinuam ua, mi tampite'n Homoeo damdawi tanchin tomkim deuh a, mi tamzawte theih ding a newspapers hiam magazines hiam a hoih deuh a suah ding bang in hon sawl sek uhi. Himahleh tunitan in mipi vantang theih ding in koimah a eipau in a kisuah kha theikei a, poi ka sa mahmah hi.

1. *Homoeo Damdawi Mukhetu' Tanchin Tomkim:*

Amasa in, Homoeopathic Damdawi mukhetu tanchin leh a muhkhiakdan tamlou i gen masa ding.

Amukhetupa' mintawn : Christian Friedrich Samuel Hahnemann

Asiamna : Doctor of Medicine (M.D.)

Doctorate Degree angah kum : 1779 A.D.

A pian leh sih kum : 1755–1843 A.D. (Kum 88 dam)

A Thesis gelh : "A View Of The Causes And Treatment Of Cramp"

Homoeo Damdawi amuh kum : 1796 A.D.

Hahnemann tuh amah hunlai a ding in mi laisiam mahmah pawl ahi. Amah bel Germany-mi (German) ahi a, himahleh English, French leh Latin paute amah pianpih pau bangbang in a zangthei a, asiam vek hi. Huchi ahihman in kam/paulettu (translator) minthang mahmah a hong suak hi. Piandan ah mi chitak, kuhkal leh lungsim hattak nei mi ahi. Biakna lam a khristian sahkhua zui ahihman in a min bul ah zong Christian chih a gelh masa hi. Mi thupi mahmah ahi a, a tanchin gelh theih ding tampi om hi. Himahleh amah tanchin tampi (saupi) gen lou in Homoeopathic damdawi a muhkhiakdan tomkim i suut zaw ding.

2. *Homoeopathic Damdawi A Muhkhiakdan:*

Amau hunlai a Allopathic damdawi a zatte uh tulai a kizangte bang in hoih zou nailou deuh hi. Huaiziak in damlou tampite'n a damdawi nekte uh sihpih uhi. Ki-atna (surgery) lam chileng lah, a damdawite uh a hoih zoh nailouh kia genlouh in a vanzatte uh leng hoihlou lai a, a mi-attute ngei leng siamzou taktak nailou uh ahihman in damlou atlup khak pawl bang tamthei lua hi. Huchi in, damdawi a si toh, atlup khak a si toh, damdawi (zatou) inn sungte pen damna mun sang in sihna mun suak zaw bang hial hi. Hiaibang hun pen daktorte'n damloute it mahle-uh huham zaw deuh a a etkol hunlai uh ahi chileng i genkhial khol kei maithei. I gentaksa mahbang in damdawite lah tulai damdawite bang in hoih zou nai tadihlou a, daktorte' vanzatte lah hoih tuan samlou ahihban a daktorte lah tulai daktorte bang a siam zou taktak nailou lai uh ahihman in damloute pen huham zaw deuh a a etkol mah uh kiphamoh hi. Itna leh hehpihna haau daktorte bel damlou a khoi (kep) chiang un a damdawi zatte uleh a vanzatte uh tung ah lungkim zou khollou uhi. Hehpihna leh itna hau mahmah ahihna ah damlou hehpihhuaitaktak huchibang a etkol a omte amuh chiang in Hahnemann a lung nuamthei mahmah lou hi. Zatui-zaha leh zatou vanzatte (surgical instruments) tulai huna-te banga hoihzou nailou ahihna ah damna sang in lohsapna tampite'n ngah maimah uhi.

Hiaibangkal ah, Hahnemann in a ngaihtuahtuah chiang in a lungsim nuamthei mahmah lou ahihman in daktor nna asepna pen sawt sem lou in tawpsan hial a, laibu tuamtuamte khawng lakhawm in German pau in letkhe zel a, huai a laibu lehte zuak in kivak hi. Himahleh huai hunlai a laibu zuak i chih bang leng tulai bangzou tuan zel lou ahihman in nekzonna taktak di'n zattak khollou hi. Ahi a, amah pen pau chi tuamtuam siam ahihna ah kitoudelh thei hamham hi. Adiak in, a laibu lehkhiakte lakah zong damdawi toh kisai lamte kideih deuhse a, azuak nuam deuh in khotbaih zaw hi.

Dr. Hahnemann in kum 30 (sawmthum) sung in laipek (pages) 12,000 a sah gamdang pau a kigelhte German pau in letkhia hi.

3. *Homoeopathic damdawi muhkhiatna*

Huchibang a English, French leh Latin pau a laibu kigelhte German pau a alehkhiak gige lai in khatvei tuh Company-te khat in Cullen's Materia Medica (damdawi kibawlkhiakna/ a kilakkhiakna lam toh kisai suina laibu) sappau (English) a kigelh pen German pau a letkhe ding in sawl uhi. Huai laibu tuh Leipzig khawpi ah 1790 kum in German pau in hon sunkheta uhi. Huai damdawi lam toh kisai laibu a lehkhiat lai in mun khat ah Thoukang' keih a khosik (malaria) natna sukdamna ding in Cinchona (singkona, huai tuh peruvian bark kichi hiven) hoih mahmah ahi chih kigelhna mun hon letkha (translate) hi. Laibu gelhtupa'n banghang a cinchona pen malaria khosik a hoih mawk hi hiam chih ahilhchetna ah hichi in gelh hi: "Hiai peruvian bark or cinchona pen i neekleh, nak khaat (bitter) law mahmah inchin, i chihummul bang suaksak zawzen a khosik veimah kibang zou hial inchin huaiziak a khosik damdawi ding a hoih mahmah ahi," chi hi. Hiai cinchona akipan hong kibawlkhia malaria damdawi hoih mahmah a tulai a i zat uh tuh quinine damdawi kichi ahi.

Hiai laibu bawlpa' hilhchetna ah Hahnemann a lungkim zou kei hi. A khaat luat ziak a hoih hi mawk ding in a um zou kei hi, a ziak bel khawvel ah thilkha (bitter) naktam law mahmah a, cinchona sang a zong kha zaw thil tampi om a himahleh tuate malaria khosik a ding in a hoih tuan kei uhi. Hiai thu in Hahnemann' lungsim a subuai hi. Huchi in tua cinchona tuh amahmah in amah taksa tung ah chiamteh (test) hong utta hi. Cinchona-tui suuk in tamlou chik hon dawn a, a denlam deuh chiang in tamzaw deuh hon dawn nawn a, huchibang in tamveipi a hon hihta hi. Atawp in, malaria khosik or malarial fever (or intermittent fever) vei hong suak mawk hi. Tuabang a khosik (nattun) a a om sung bel a sawt kei hi. Cinchona in a sep sung teng a khosik a, a nasep a bei chiang in a khosik zong hong pha pah zel hi. Huchi in, thil khatpeuh in natna hon tut theihleh huai natna kibatpihte sukdamna ding a hoihpah hi ding in upna khat hon neita a, abanban in etchetna (proof) hon neitou zelta hi. Tuabang in adangdangte zong hon chiamteh touzel a; thil banghiam i neek chiang a guui-a i luak pihpihte bang damdawi hoih taktak a hon suahta a, a vuak a i nekkhak a sihpah theihna thil tampite zong natna sukdamna ding a hoih mahmah in hon bawlkhe thei mawk hi. Thil khatpeuh i neek a natna hiam noplouhna hon omsak theite mah huai natna hiam noplouhna i veite sukdamna ding a zat theih ahi chih a hon mukhia hi.

4. "AKIBANG IN AKIBANG SUDAM"

Hahnemann in hiai "Akibang in akibang sudam" chih thupi (principle) a zang in tua Homeopathic damdawi ichih hon bawlkhia hi. AKIBANG IN AKIBANG SUDAM (SIMILIA SIMILIBUS CURENTER or LIKES CURE LIKES) kichi tuh tunitan a Homeopathic thupi (principle or maxim) ahi. Tulai a Kumpi damdawi inn a damdawi-tui leh tang kizangte pen Allopathic damdawi kichi hi. Amaute thupi (principle/maxim) bel "CONTRARIA CONTRARIS CURENTER" chih ahi a, huai tuh "AKIBANGLOU IN

AKIBANGLOU SUDAM" chihna ahi. Hiai Homeopathic thupi leh Allopathic thupi tegel hoihtak in ngaihtuah mah dih, koilam ah na puuk hiam? Aki keel-ki (alehlam tuak kawk) hilhel ahi uh chih bel na muchian pah ding hi. Himahleh atup uh akibang hi. Damlou leh chinate sukdam atup uh ahi tuak-tuak a, himahleh sukdam asawm dan uh akibang kei hi. Hiai toh kisai etsakna khattuak pezual ni hang: Damdawi chikhat, Ipecuanha kichi khat om hi. Hiai pen bel mi kuahiam khat luak-sak (to induce vomitting) angaih (poimoh) a leh hiai kidawnsak a hong lawpah loiloi mai hi. Huaiziakin, Allopathic damdawi ah hiai Ipecacaunha tuh luak-khiaksakna ding in kizang hi. Himahleh, alehlam ah hiai damdawi luakkhamna ding in (to control vomitting) Homeopathic damdawi ah kizang hi. Tun anuai ah a kibawldan uh atom theipen i ennawn ding a, huchi hileh a kibatlouhna uh a hong kitel (chiang) pah ding hi.

VII
HOMEOPATHIC DAMDAWI LEH ALLOPATHIC DAMDAWI KIBATLOUHNATE

Allopathic dan in bel damdawi hat ding i deihleh alomtam (tampi, large quantity) in kipia hi. Atang leh avuite (pills and powders)gram hiam milligram hiam in iteh a, a tuite (liquids) pen ounce hiam milli-litre in kiteh hi. Huaiziak in a mg. tam leh ml. tamte hat a, atawmte hatlou mai hi. A bawltute'n a hat ding leh a hatlou ding a bawl ua, a tam leh a tawm (quantity) in khen uhi. Damdawi a kibawl chiang in helpih (composition) nei in kibawl nak hi. Hiai composition-te lak ah hat deuh heh i chihleh adangte sang in tua pen kitam hel zaw deuh zel (sek) hi.

Homeopathic dan in bel a damdawi hat deuh i deihleh a helpih pen a tuam deuh poimoh (ngai) hi. Damdawi sangdan pen a number in kisim toutou mai hi (eg. khat, nih, thum chi in). Gram hiam ml. hiam in kiteh lou hi. Potency kichi a, 1x, 2x, 3x,... chi in kisim tou a, tua zoh in 1c, 2c, 3c,... chi in kisim tou nawn a, tuaban ah 1m, 2m, 3m,... chi in kisim toutou mai hi. Atung a kigelh masate pen Decimal scale kichi a, a damdawi leh a helpih pen laboratory ah test in etchet theih hi. Anihnate pen centicimal scale kichi a, huan athumnate pen Milliscimal scale kichi nawn hi. Hiaite pen laboratory ah test in a helpih pen kia kimu thei lel hi. Potency 1x apan 12x tan lower potency kichi a, 12x apan 30x tan medium potency kichi nawn a, 200 leh atunglamte Higher potency kichi hi. Hiaite sang a hatzaw (sangzaw) zong tampi om toulai hi.

Hiai damdawi chii nihte (Homeopathic leh Allopathic damdawite) lak a koi pen hoihzaw hiam chih dotna om pahpah hi. Thil khempeuh chii nih sang a tamzaw a om chiang in a hoihdan kibang vek lou ban ah a siatdan uh zong kibang lou uhi. Tua ahihman in hiai anuai ate enkak lechin koi pen a hoihzaw a chih na thei mai ding.

ALLOPATHIC DAMDAWITE

1) Allopathic damdawite pen tampipi a nek ahihman in mihing in (i taksa in) lel thei hi. Natna hik, salak a omte that zou ding khop hiai damdawite i nek chiang in i taksa in lel hi.

2) Tampipi a nek ahihman in aman tam a, sum tampi bei pahpah hi.

3) Damdawi a chikim kei lua hi. Damlou mi tampite kiang ah doctoc-te'n nang' damdawi ding om lou chihsan sek uhi. A chikim louh luat ziak in at ngai (surgical case) tam thei lua hi.

4) I zatkhelhleh damna sang in thakhat a sihna tanpha hon tun thei hi.

5) Damdawi nek sung leh nek nawn louh nung tanpha in siatna hon tun thei hi (May occur side and after effects). Ahoihna lam tuh i thei chiat uh. Khovel a damdawi hoihpen a kipom (kizang) ahi.

HOMOEOPATHIC DAMDAWITE

1) Hiai damdawite a tawmtheipen (millisimal dose) a nek ahi a, mihing taksa in lel tham lou hi. Taksa in natna hikte a na thah zohna di'a apianpih (nature) hatsatna di'a kipia ahi a, damdawite'n natna hik omte va that lou in amah taksa a hatna omte'n that zaw hi. Tua ahihman in taksa (damlou in) a damdawi nekte hoihpih leh hatpih zaw hi.

2) Tawm khakha a nek ahihman in man tawm a, sum tawmzaw bei hi.

3) Damdawi a chikim petmah a, natna khatpeuh damdawi a sukdam theihlai ding teng a sudam hi. Huaiziak in damlou a atngai a tam kei a, aloutheiloute chauh a ki-at hi. Damdawi a dam thei lou ding leh dam zou nawn lou ding khenkhat a om sek ziak in mi a sudam vek sipsip thei tuankei.

4) Hiai damdawite a lauhuaikei (harmless). I zat khelhleh i natna pen dam tuanlou a, himahleh zatkhelh ziak in siatna (sihna) bangmah a tun kei.

5) Damdawi nek sung leh neek nawn louh nung in bangmah siatna a hon tun kei (side effects leh after effect chihte om lou).

Allopathic damdawi a hoihkei chi i hikei a, alternative medicine di'n Homoeopathic damdawi zang leng chi i hi zaw.

Tulai a leitung buppi a sorkal (government) teng in Allopathic damdawite a puah ua a kephoih bang un hiai Homoeopathic damdawite puah in kemhoihle uh damloute

a ding in leitung a Toupa Jesu omlai bang leh kilawm zou
hial ding in ka gingta hi. Damdawi hoih mahmah khat ahi
chih tan i gen lel phot ding.

VIII

HOMOEO DAMDAWI TOH KISAI DOTNA LEH DAWNNA

Hiai anuai a dotnate mite'n a hon dong sek uhi. Hiai teng ban ah leng tampi omlai a himahleh huaite hiai laibu ah gelh kim vek ahi kei a, tamloute hong kigelh ahi zaw hi.

Dotna 1: Homoeopathic doctor-te'n a damdawite uh newspapers leh magazines khawng a advertise ngei lou uh hia, a kimukha ngei kei a?

Dawnna:– Advertisement a kibawl lotham a himahleh huaite eilam hong tung a tam kei. April/May, 1999, hiai kha (month) vel in zong Manipur Express ah hoihtak in hong kisuah hi. Homoeopathic damdawite'n tulai a AIDS (Acquired Immuno Deficiency Syndrom) veite a sukdam uh percent a hoih mahmah ziak in Chennai ah Homoeo Hospital khat lamsak ding ahihdan bang, AIDS veite a sukdamna ua a damdawi zatte uh min tanpha hoihtak in Express ah hong kisuah a, i simkhak chiat ngei uh ka lamen hi.

Mimal in ahihleh bel advertise bawl a thangsak (chiing tam) kei uh. A damlou (patient) etkol uh awlmohna ziak in advertise bawl ding in a paikhe man kei sek ua, huan a damlou hih/sukdamte uh tuh advertisement a bawlna uh ahi mai hi. Lai (paper) khawng a advertisement bawl sang a a damlou hihdamte un a kam ua advertisement a bawl (a kam ua a gen uh) a deih zaw uhi. Homoeopathic doctor-te lak ah atamzawte mahni nna kisep leh mahni kitoudelh zou (self-sufficient) ahi uh. Huai ban ah, advertise bawlna ah sum tampi a bei sek a, huan ni khat thu a mi tampi et a sum tampi muh sang in mi tawmchik ni khat a et a, huaite hoihtak a hih a, mite'n a phattuampih (dampih) chiat uh a ut zaw mawk uhi. Advertisement a bawl uh na theih nopleh "Meditimes" kichi Homoeopathic monthly Journal ah khateng in kisuah gige a, a et theih ding.

Dotna2: Homoeopathic damdawite sorkal in a theihpih hia?

Dawnna:– He. Homoeopathic damdawite sorkal in a theihpih lotham! Na zatkhakleh zong mi zat ngei louh zangkha leh thil guuk hih bangdan in kingai ke'n. Hiai damdawisaite'n government a phalna hoihtak (licence hoihtak) a nei vek uhi.

Dotna 3: Government in Homoeopathic damdawite bang dinmun in a koih lel a?

Dawnna:– India in zalenna (independence) a muh nung 1948 in India Parliament in Homoeopathic damdawi leh Ayurvedic damdawite state khut ah koih a, state in a deihleh a zang thei ding a, control-tu ding in Homoeo or Ayurvedic Medical Board a kineih ding a, licence zong a pe ngal ding uh chi in. Huan, Hospital leh Dispensary-te ah a deihleh state in a kibawl di'a, a control-na leh licence petu ding Board a nei ngal ding uh chih ahi.

Tulel a Central Government in a koihdan ahihleh Central Council of Homoeopathy, New Delhi nuai ah a koih uhi. Tuni chiang in hiai Council pen hawmthohhuai a kisata a Ministry tuam (separate ministry) a koih ding in Central ah hah phut in kiphuta hi. A hong lohchin ngei zong a lamethuai hi.

Ayurvedic leh Homoeopathic damdawite Central in zong hoih a sa a, research hahtak a a bawllaitak ahi. Lamka khopi sung ngei ah zong phamta Pu T. Phungzathang, Medical Minister ahihlai hun in Research Unit khat hon in om a, District Hospital, Lamka ah zong Homoeopathic doctor koih in om hi. Himahleh, vangsiathuaitak in, tu chiang in hiaite Lamka khua ah muh in a om nawn kei ua, mun dang a kisuankhia ahihleh apoi mahmah ding hi. A post uh toh paikhia uhia, ahihkeileh a post uh omlai a a mi om lou hi zawdan hiam chih bel ka thei kei hi. Ahi a, Lamka damdawiinn ah Homoeo doctor leng a om chih thu hon gen ua, kipahhuai ka sa hi. Hoihtak a a hon sep uh deihhuai ka sa hi.

Dotna 4: Homoeopathic damdawi bang natna a hoih a hia? Mitengteng in a zang thei diam? (Hiai hong kidong munpen khat ahi).

Dawnna:– Homoeopathic damdawite chii tampi ahi a, natna tampite ah a hoih hi. Mitengteng in a zang thei a ahi ding tuni chiang in khovel pumpi ah a kizangta hi.

Homoeopathic damdawite natna chii tuamtuam leh mi khatpeuh a di'a zat theih ahihdan anuai a mite ah kithei hi.

#Case 1: Tangval khat vangtahhuaitak in lungsim venglou in hong om guih mawk hi. Damdawi dang a phattuampih om thei lou ahihman in Homoeopathic a nekleh hong dam in tu'n khateng a sum tampi loh in solkal

nasemtu hoihtak hong suak hi.

#Case 2: Nupi upa simta khat om a doctor-te'n gilpi cancer ahi a at louh ngal a damdawi ding om kei a chih uh ahi. Thoukhe zou nawn lou in a lupna tung ah lum denta hi. A dipnuai a gilpi lianpi bawk hi. Hiai minu'n Homoeopathic damdawite nene in tu'n a ut, a dah in kholai ah leengta hi. Ka gintak sah dam hoih ka sa zaw a, ka kipahpih mahmah hi.

#Case 3: Nungaknou melhoih hiuhiau nih om nawn hi. Hiai tegel hong ngaplou uhi. Nitak khomui kuan chiah nakpi in nihvei hong kikoukhe kuaukuau in a khe in pialkhang nihvei ding khawng mah tuanging duldul zel uhi. Akhenchi'a taimang peuh sawm in mawkpau (haipau) gawp ua, asun-azan a khomite'n ven ngai in om ua, kau in hon kei ahi peuh a chi ua, akhente'n lah mi bum hi chi peuh in gen uhi. Ka khopihte un kaukeih peuh, bum peuh a ngoh ziak ua amau leng a chih maimai uh ahi. Hibang veite doctor-te'n Hysteria chi uhi. Homoeopathic damdawi ne in hong dam tuak ua, pasal leng nei tuakta uhi.

#Case 4: Pitek khat a tate'n a khelbul ah damdawi in kaap uhi. Tua a kikapna ma nase gawp in kumtawn in lum den a, a delhphahna teng meima (bed-sore) in dim hi. Homoeopathic damdawite ne in a vek in hong dam hiau hi.

#Case 5: Nupi nih, khat nau suakkhe zou lou leh khat pen a lam taang. Si mai thei di'a omte Homoeopathic damdawi a khoi in om in hong dam uhi. Amaute'n a nute leh a naute hoihtak a enkol a tuni tan damtou zel a om bang ka muh chiang in kipahhuai ka sa hi. Hiai tegel operation bawl louh a dam zou ding ua a up louh uh ahi.

Case 6: Khatvei nupi khat a lou kuanna a khutzung ling neu chik khat in sun bang in thak-nat sim hi. Atawp in na law khong in kahpihpih hi. Doctor a dotte'n a khutzung tan ngai ding chi uhi. Homoeopathic damdawi in tan louh in damsak hi.

Case 7: Naungek khat khosiksik a, damdawi tampi peta mahle uh a hoih theihna om tuanlou. Atawp chi'a a khosik-chisa pen bei hileh kilawm napi a natna in a tut hun chiang in naupang pen thaldel fenfon in a khauh in khauh a, a mit phe lou in tung hah gelgawl maimah hi. Huchibangte a thaldel pawl om a, a kun pawl zong om hi. Khangluite'n a daakte (thaldelte) "kaih dak" chi ua, a kulte (a kunte) "kaih kun" na chi uhi.

Hiai naungek Homoeopathic damdawi in hong damsiang hoih mahmah a, a tangval kuan in a pa'n kei hong musak (lak) a ka kipak tuak mahmah uhi.

Case 8: Poliomylitis vei naupang khat om nawn hi. A khe langkhat zeng in pai thei lou hi. Doctor-te-n a khe langkhat zaw a se den ding ahita, a let chi'a artificial limb (khe lem) bawlsak ding na hihkei ngal uleh a chih uh ahi. Homoeopathic damdawi a hon ne toutou a, tu in a khe nih in zang thei a, football pek bang hat mahmah hi. Tangval melhoihtak in hong khangkhia hi.

Case 9: Nupi, ta khat nei leh nungak khat om nawn uhi. A nupi pen a taklam liang naa in zogawp a, a khut teng neugawp in nna sem thei lou in om a, a pasal ma (divorce) hi. A nungak pen leng a taklam liang naa mah hi a, a banbul (liangguh toh kizopna) tolh niamsuk in a veilam liang saangzaw in tel deidoi hi. Hiai tegel leng Homoeopathic damdawi in dam tuaktuak ua, tun nasep-silbawl ah kuamah phalah nawn lou uhi.

Case 10: Nupi naupai chiil khat a nau se di'a kisa, a tui luangluang hi. Ama'n homoeo damdawi ne a, a nau se dek hinapi hong hoih thak in se lou a, naungek hoihtak khat neikhia hi. Amalam in nau a paai chiang in a tui in luang bei pahpah chi hi.

Case 11: Papi khat a zunbu a suang om, doctor-te'n at ding a chih uleh sum nei lou a ki-at lou khat om hi. A zun a thak chia'n tuimal bang in takkhiak thoh teuhteuh hi. Hiai mipa'n Homoeopathic damdawi nene hi. Nitak khat a zun suak lua a innka ua a va thakleh a suang kia in a innka tung deng ging zou hial a, "sunvak hileh zaw a suang hoihtak a kimu ding hi a, let tuak sim thou hi ven," chi hi. Tua nung zun thak nuam denta chi hi.

Case 12: Tangval khat a kal (kidney) a suang om, Homoeopathic damdawite a nekneleh zun a thak teng in tua suangte tamloulou in a zun lak ah thakhiakhia thei hi.

Hiai atung ate ataktak mah a om, a min uh, a khua uh leh a hun hoihtak a kichiamteh, confidential record a kikoih vek hinapi Zogam tualgal om sung in mei in kangtum khin vek a poi mahmah hi. Dawnna hi zahpi i piakna ziak bel, Homoeo damdawite chii tampi hi a, natna tampi a di'n hoih a, mitengteng in leng zang thei vek uh ahi chih i gen nopna selua ahi.

Tuchiang in Homoeopathic damdawite chii 1,000 val bang omta hi. Hilehleng atangpi in practitioner (doctor) siamte'n niteng a a zat deuh uh bel 200-300 kikal khawng hi tangpi deuh hi.

Amalam a i gen tengteng a kipan in Homoeopathic damdawi a kiningching a, natna chiteng ah a damdawi ding om kim vek phial a, michih in leng a ut peuh uleh zat theih chiat ahi chih i thei hi.

TULAI A INDIA A DAMDAWI KI ZANG TANGPITE

Tulai in India ah damdawi system tuamtuam bangzahhiam kizang hi. Tuate lak a poimoh i sak deuhdeuhte i ban etsuk zual nawn ding. Hiaite amau hoihna lam leh hoihlouhna lam om chiat ahi ua, hiai a hoihpen, huai a hoihpen, hiai a hoih kei, huai a hoih kei chih ding om tuanlou hi. A poimoh vek ahi uh.

1. ALLOPATHIC MEDICINES

Hiai tumlam gamte damdawi hi deuh mahleh tumlammite'n suahlammite gam a banban in hong uk tou zou nilouh uh ahihman in a uk zohna gam peuh uah hiai damdawite hong kizangzui tou zel hi. India in a hoihpen a a neih leh a zunpen ahi.

British kumpite'n India gam hong uk chiang un hiai Allopathic damdawi hon zang uh ahihman in tuni dong in a pipen in kizang den toulai hi. Hiai damdawi a khengkhe zou ding dang om lou hi.

Damdawi dangte alternative medicine chihdan in kizang hi. Alternative medicine chih omdan bel, sorkal in Allopathic system zang mahleh kuahiam khat in huai sang in adang khat ka zang ut zaw a chih lebel Allopathic damdawi na zat teitei ding ahi chi a phutluih louh ding; amah zat nop zawk pen a zat phalsak ding chihna ahi. Huaichia'n damdawiinn (hospital) sung ah leng tua alternative medicine a a doctor a om nakleh zat theih ahi.

Alternative medicine a zat di'a India kumpi in a phal medical systems i chi diam, systems of medicine-te tuh hiai anuai ate ahi:

AYURVEDA - A compound word in Sanskrit , meaning the science of life

Ayurvedic medicine: Hiai damdawi tuh India gam a nidanglai pek a kipan na kizang, India-mite na bawlkhiak masak hi a, Indian medicine (Indian damdawi) chi in kitheipen hi. A upatdan tuh Rigveda hunlai (2000 B.C.) pek a kipan a na kizangta ahi. Alternative medicine-te lak a zattaak khat ahi.

Tu'n India sorkal in hiai damdawi pen research hoihtak a bawl in nasatak in puah hi. India sorkal in Allopathic damdawi zom a a it (deih) leh a zunpen ahi. Tunung chiah Allopathic system hon khekkhe zou maithei chi pawl zong om hi. Tu'n a damdawite uh Allopathic ate toh Hospital khawng, Laboratory khawng leh Dispensary khawng ah zatkhawm in om lellel hi. Allopathic damdawite toh kibang a kibawl ahi a, koihkhawm theih, zuakkhawm theih in zatkhawm theih hi.

Ka ute'n ka pa toh kisai a
gelhte uh

IX

KA PA' TANCHIN LEH A MIHINZIA

Gelhtu: Zamngaihlian
(A tate lak a upapen nihna; a tanute lak a upapen)

Hiai laibu lianlou sung a ka pa Valte Vungsong tanchin ka theih khamkham gelh sam thei di'a tuni a damna leh ngaihtuah theihna lungsim hon pia i biak Pathian kiang ah kipahthu ka tun masa hi. Ban ah, hiai laibu bawl ding hon sawmkhetu ka nau Valte Ginkhenpau tung ah leng kipahthu ka gen ahi.

Ka theih ma thute hi zolou in ka khotheih a kipan ka pa ka na theihdan leh muhdante hon gelh ding ka hi zaw hi. Ama'n tapa 4 (li) leh tanu 4 (li) hon nei a, Pathian vualzawlna tang mahmah chih ding ahi; ta leh nau ah.

Ka pa in theihna/khuak hoih nei ka sa; siamsinna lam ah mi zil tan zil na hikei mahleh amah aa ding khom thei a, pau leh ham ah leng sappau, vaipau, leh meiteipau in a buai hetkei mawk hi. Mite'n mel et sang in siam bang sa uh hi in ka mu hi. High School ka kai sung teng subject khempeuh hon hilhthei mawk hi. Amah ahihleh pawl X (sawm) exam man lou hinapi in sepaih sung a a omlai in damdawi lam (Homoeopathic Medicine) bang na zil in bangtan hiam thei a, huaite zang in a hatlai sung teng ahihtheihna tan in doctor nna nasem a, ama'n "all India licence" bang leng nei hi. Mi tamtak bang leng a na enkoldam in tuni tan in singtang khua a a na etkolkhakte amah etkolna lunggulh/ lamen bang leng omlai uhi. Nau bang leng na domthei in, kou unau teng leng amah neihsak ngen ka hi uh. Midang hunkhop leng na domkha hi.

Huan ah, ka pa ahihleh houlim thei mahmah mi khat hi a, huaiziak mah leng ahi ding, mi kamtam leh pau nuam lua hi kholkei mahleh amah mizia theite'n a ngai un a kiang a om nuam a sa un ka thei hi. Mideihsakna a hau a, amah aa ding bei hial in leng a sumphal hi. Pathian thu a lunglut a ka neulai un Pathianni zingkal teng in ankuang kikhopna hon neihpih sek hi. Huai ah a class chihdan in hon neihpih in Bible sung a laikhakte abanban in tangthu hilh in hon hilh sek a, nuam ka sa thei mahmah uhi. A damthei kei a ka neu sung teng uh bang dam ni nei lou ahi sim mai hi Thagum a nei kei a, a damtheih louh ziak mah leng ahi di'a a lung/ngaihtuahna a tom hi. Himahleh lungdam/lungkim pah zel a na hi a, ei heh luat sung a amah na lungkim mar zel mi ahi hi.

Gamvak a lunglut a himahleh a hatna in a zou lawmlawm kei. Thangkam a hat a, zusa, vasa leh gamsa liar loulloute a man sek hi. Ban ah, sakhi bang leng hon man ze sam hi. Khatvei houh aisa sawk/halh di'a a kuanleh sakhip lian huntawk, a gailai khat va tuak hi. Thau lah tawi lou ahihman in a khukri (temkui) in luipang a a sakhi kaltou di'a kisalai a zadang guitak bantan in a hon man zou mawk hi. A kisualpian uh tuh ahi ding a, a sakhi in bohpai zel huaizoh chiang a tai zel. Huai chiang a amah thou in delh zel hi dingdan hi in. Atawpna a ama'n zou khong hidan ahi.

Luidungvak bang leng lunglut mahmah hi. Ka neulai in Ngalzang khopel Mualkawi khua kichi phamta Pu Khailang' khua (tua Hangsum kichita) ah ka va om ua, ama'n huai khua ah teacher nna sem hi. A khua pen mualtungtak ah om a, apang/nawl tuak ah lui luang hi. Huai luidung tegel ah ngasa, tengkol, leh tuisung a om ganhing chii tuamtuamte tam mahmah hi. School kai tawp chiang in an hon huan baihpih a, a min chiang in hon nekpih pah in huchi in nitaklam dak 3, dak 4 khawng in luidung lam zuan in hon kuanpih zel hi. A meisel/goten lom bawlsa bangzahhiam toh luidung ka tunsuk chiang un meisel tawn saupipi 2 khawng de in tuilak ah tengkol top/tom kipan in, nitak dak 9 gin ma bang in beel lianpi dim khat bang ka tomkhe sek ua, nuam ka sa thei mahmah uhi.

Nek-le-dawn lam ah ka pa ahihleh a genhak hetkei a, himahleh sa tuh a duhlam ahi. An lam ahihleh atta, vaimim chiim, baal, taang chihte khawng poi a sa kei; a duh chih ding hi. Sungnaa neimi ahih ziak in hiaibang ante zaw a ngeih luat lam ahi kholkei. Sepaih na pangkha zek ahihman ahi ngei ding a singpi a ngai poimoh mahmah a, a awm bangle a thanuam hi. Innleeng ka neih chiang un singpi dawn lou a a pai ding uh bang ngaithei lou in a hon awm pah sek a, san lah hilou, puang lah hilou khawng a awm in a pe sek hi. A hong hohte'n lim in a dawn ding uam zaw ka thei kei himahleh a minekngaihna ettontaak hi in ka thei. Ama'n ahihleh amah aa ding in khum sim leh al sim ninelh kithuah a a bawl chu a dawn sek hi. Huchia a na dawn sekte tu chiang a ka ngaihtuahleh na hoih law zodan hi di'n ka gingta ahi; ORS hoihtak ahih ziak in.

A mihinzia ah mi lungtom, dohzohna hau khollou leh mi ahihna bang uleh a sang a uangzaw a thuk chihte a utlam ahi. Huaiziak mah in atung a hoih a sakte tung ah amau sang in hoih/siam zawk a tum hi. Himahleh huchi lou a amah tung a gilou leh khel a sakte bel a khel bangbang uh hiam a gitlouhna uh sang a khel zaw leh uang zaw a thuk teitei sawm zel mi hi thepthup hi. Hichibang khawngte a mihinzia ahihman in tuni in kuahiam naa velvul ahihkeileh kilawm lou lua a a kampau hiam naa sa khawng omkha zenzen i omleh a mihinzia ahi chi a theihsiamna toh na ngaisiam ni maw.

Nekzonna lam ah ka pa a damthei louh ziak in ka nu hatna a khosa ka hi sim mai uhi. Ka nu'n gentheih-haksatna tampite leh mite mai a zum leh zah leng poisa lou khop in, koute a hon it luat man in a tha, a zung neih tengteng sengkang in 2006 kum in hon na beisan hi. Ka nu bei ma kum 2004 in ka unau ua upapen Valte Vumzamuan in hon beisan hi. Ka nu' bei kum apan ka pa tangkhat leh langbei in tuni tan khosa hi. Hiaibang teng vangsiatna a tuah nung in kou a tate, a damlai teng in amah utna munmun a om ding leh khosa di'n ka phal ua, kuama'n hichi in om in chi in ka thunun kei uh. Amah lungkimna leh nuam a sak bang a om di'n ka thuhilh zaw uhi.

Thilbangkim siamtu leh bangkim tung a thunei i biak Pathian in mailam hun ah kuapeuh hon ompih a, ka pa ngei leng a huntawp tanpha a lungmuang leh khamuang a om a, kou a tate ngei leng vualzawnate'n hon zui tawntungleh chih ka thuumna ahi.

"Pa Pathian, hunpaisate a Na hon kepna leh vualzawlna ka tante uh ziak in kipahthu k'on gen a, mailam hun ah leng tamsem vualzawlna hon pia in. Amen!"

X

KA PA TOH AISA MAN A KA KUANNA

Gelhtu: Valte Daikhanlian
(A tate lak a upapen thumna; a tapate lak a anihna)

Singngat khua a ka inn uh tuh Standard School sak deuh ahi a, huai school a sem Sir Goumang' inn toh kikal chi a gen theih a hi mai. Amau bel Behiangzang lamlian bul a teng ahi uh. Huai chiang in, Sir Goumang' inn leh kou inn mun kikal ah Sir Siamlianthang, huailai a St. Joseph School a teacher a sem ahi a, huaite huan in hon hal hi. Amaute kou innmun apan tumlam pang a om ahi uh. Huan, ka inn uh suahlam pang ah Thadou Veng, hon tumdoh a om hi. Amau Veng leh kou Veng, Headquarters Veng kichi kikal ah Galleng Lui kichi, lui lianlou khat om hi. Huai luidung a aisa antah a kuan di'a ka pa toh kisa ka hi uhi.

Ka nu' bazar mehzuakna kawlzal khaite leh kolzalpi ban ah tempawng chihte pua in Galleng Lui lam ka manoh suk uhi. Huai luiguam ah ka pata un ka lutsuk ua aisa omtuak hia, omtuak lou chih khawng ensuk kawmkawm in ka paisuk zel uhi. Ka luut thuksuk semsem uleh suang omte khawng a na liansuk deuhdeuh a, a luitui leng na thupisuk deuhdeuh hi. Suangpi liantaktak leng tampi om in ka thei hi. Suangpi kia leng hilou in singluang lianpipi leng tampi, a muat toh, a muatlou toh om hi.

Huai singluangte lak a khat tung ka et uleh a na engsuk phengphung tamai a, pateh mu ka na hi maimah uhi. Bang pa(teh) a de-aw ka chih simleh ka pa'n hiaite Tang-eng a hihdan hon hilh hi. Ke'n bel huai ni a pateh Tang-eng kichi ka muh masaknapen a hilai hi. Tamtak va tuakkha zaw ka hi ding uh, ka kawlzal puak bang a dimtou zou hial hi. Nuam lawtel; pateh Tang-eng kichi lah lim lawtel a hih chi'a!

Huchi'n, maban lam ah ka paisuk zel ua hiai ka luidung zuih un tuh Likhai luidung ah a hon suahkhiatpihsuk hi. Hiai luidung nih kituntuahna mun bel mun nuam petmah ahi. Water fall (ngakik) nalhtak om a, huchibang hiai Lamka mun a om hi maizenleh tuh picnic spot, park chih hiam a bawl a mun nuamtak suah theih di'n ka gingta; tu khawng a ka lungsim mitkha a ka muhdante ka ngaihtuahkik thak chiang in. Ahi a, hiai mun hial ka tunsuk chiang un tuh a gamla simta a, khua leng hong mialta hi.

Ka pa'n mei hon tohkuangsak a, meisel detvak ding in gokeute hon tennensak hi. Amah bel aisa antah di'n paikhia a, kei kia hon nusia in a va paimang vengveng hi. Huailai a kei naupang thoulai zaw hi dingdan ka hi. Khosung ah nitha kiloh a ka kuan chiang in Rs. 15/- ka lohkhe zou pan lel a, huailai a numeite nitha loh zah toh kikim ka loh hi. Kei kia a ka pa'n hon nusia a hih chi'a ka lau petmah a, a hong tunkik ding ka na ngaklah lawtel hi.

A hong tun in kou leng huai ka meisel tuak uh ka devak ua huchi'n aisa antah na munte ka viltou uhi. Ka aisa antahte uh bel bawng sung, a tuap leh vaimin chihte khawng a hi tangpi hi. Ka antahna munte ua a chiamtehna a chiangkang phut zel a hih man in theih haksa lou hi. Aisa tamdan mai tuh nuam himai! A vaak dupdup un a phe suausuau mai ua, i mat chiang in hon na tepkha zel ua; a mat lel leng buaihuaipi khat ahi. Huchia ka antahna mun teng uh ka et zoh un ka puak khopset un aisa hita leh pateh Tang-eng hitaleh pua in kipaktak in inn lam ka zuantouta ua, inn ka tun un nitak dak 9:30 bang a na gingtou manta hi. Huchi'n, ka nu, ka ute leh ka naute toh ka kuangpi uah sungkhia in ka enkhawm nainai ua, huai zoh in kipaktak in ka lumta uhi.

Ka u, ka nu, leh ka pa toh

kisai ka laigelhte

XI

KA U - MI CHINGKAM

Ka u Valte Vumzamuan ("u" chi a ka sap mai sek uh) ahihleh mi taksa lian hikei mahleh mi lungsim pichingtak ahi. Kei a bang kei a, a kam tawm mahmah. Gen val leh genkhelh neihkhak ding lau a kivengsiam mi ahi a, mi kisuanlah hat khat ahihna ah mi zakdah ding genkhak ding bang leng lau in kiveng mahmah sek hi.

Mi ngou lua ahi kei a, himahleh a vom lua bel ahi tuankei. Sam kil chet lah hilou, lah tang zitzet bel hilou zel a nei hi. Kimawlna lam lunglut ahi ngei ding a, high school kailai in football leh basketball kimawlnate a a tel lamtak ka mukha sek hi. Mi polhnoptak ahi ngei ding a, lawm bang a khawl thei mahmah hi. Lawi-le-pai a kithuahkhakpihte'n polhnop a sakdan uh tunung a i kimuhkhak chiang in leng a gen mangmoh uhi.

A school kai theih tuung un ka ute Singngat Government School ah kai ua, huailai in kei pen naupang donna kawm chihdan in school ah hon tonpih zel uhi. Khatvei tuh, a classroom ua heutute dohkan tung ah ka na ihmu a, a heutunu uh a hong luut chiang in kei hon phawng hi. Mumang milmial kawm in ka thei a, a chiang tawi a chiamnuihna pian kawm a a hon dawt hiam ahihkeileh ka lupdan a hon hei chiang in leng ka lupdan ngei mah ah ka kiheikik zel a, ihmut thak teitei sawm chihdan in ihmu lou phawk hak in ka om hi. Hiai thu ka thei gigelai hi.

Huai kia hilou. Mission Veng a Pa Vialkhozam' inn a ka teenlai un khatvei kei kia inn ah hon nawsia uhi. Huailai khawng bel Singngat khua a bus hong tun tuunglai hi a, naupangte bus a tuang ut in Lamka apan bus hong tun chiang in kidelhhuan sek uhi. Kei pen sun ihmulai ka hihman in ka ute'n khanglou man lou ding hon sa ahi ngei ding ua, inn kong a lamlian apan Singngat Bus Station tan hon va tuanpheisan uhi. A gintak louhdantak un i chi diam ah, kei ka na khanglou man daih hi. Ka dakvel chiang in kuamah a om kei a, kei kia innsung ah ka om hi. Ka innbang ua nisa vak zung hong luutte ka mu a, sunnunglam hita ahi chih ka thei pah hi. "U ei, u ei...," chi in ka kapkhe lualua a, a nung sawtlou chik in ka u in ka kah za ahi ngei ding a hong tailut hi. Bang hon chi khem hiam chih chu ka thei nawn kei, himahleh khasetak a kaplai tawp napi in khasetak in ka kidik nilouh veve hi.

Kei tung a pasal nih leh numei khat om ahihman un kei pen lawi-le-pai lak ah u nei chi in a nuam mahmah hi. Ka school ua lawmte khat in ka lawm dangte kiang ah, "Amah chu na hehsak uleh a ute'n nou hon vaw ding uh ahi," achi a, tulai pauleh ka "boss" huntawk thou hi. Huai kia hilou, ka school pen uh ka inn uh toh kinai lua ahih ban ah ka huansung ua theigah kung leh sapthei chihte khawng tampi om ahihman in huaite gahte a hon duhpih ziak un leng hon kinakpih ut khollou uhi.

Ka let nung chile, 1996 kum vel a high school khawng Lamka lam a ka hong kai nung in ka ute toh ka kithuah tamkha nawn mangkei uhi. Himahleh, 1997-1998 tualgal ziak in innlam ah ka pai a, mite galvil a a omlai un ka u bang in kei ka va galvil khovak ding hon phal kei hi. Ka ute'n hon duat uh ahi ding a, tualgal omlai a Singngat khua a ka om sung in khatvei mahle ka galvilkha kei a, kei sik in ka u bang a va kuankhe zel hi. Ka pa' khelguh hiai tualgal ah hon kaapsakkha ua, huchi in Singngat apan Lamka lam ah Zomi sung a defence lamte vaisaina toh ka pemsuk uhi. Heutute, mipite leh saptuamte'n naktak in hon enkol ua, deihsakna thupitak ka tang uhi. Huchi in ka u toh ka kithuahkha mun nawn thei pan uhi. Kei a sang nihna hinapi ka thu bang leng hon ngaikhe mawk a, naupangsia bang in hon en hetkei mawk hi.

2003 kum in kei pen Imphal School of Preaching, Imphal ah sinsaktu khat hi ding in ka paisuk hi. A kum nawn 2004 in kal (kidney) buai ziak in ka u pen ka u Valte Daikhanlian (U Lian) toh ki-ensak ding in hong giaksuk uhi. Regional Institute of Medical Sciences (RIMS), Imphal ah ki-ensak in, admit uhi. Ka u bel sawtpek apan kal lam ginalou gigesa hi a, Homoeopathic damdawi a ka pa'n a etkol det ahi hi. A damdawi nekte ziak leng ahi ding a, a kal a suang omte pen a zun ah thakhe sek hi. A thakkhiakte khaini bawm sung ah khol zel a, kei leng hon ensakkha ngei hi. Lian khopkhop ahi a, tamkhop leng pha ahi.

RIMS, Imphal a a om tuung in halh thou mahleh operation ding hong kigen a, a kal a suang omte atkhiak ngai ding chih doctor-te hon hilhdan ahi. Huai ding in a zun khaihkhiakna ding catheter thuah hon sawm ua, thuah ding a chih hun uh bang hon suansuan mawk uhi. Huchi in, sawtkhop nung in hon thuah khong ua, huai leng thuah fuh lou chilai uhi. Huai a thuah nung nuamsa thei nawn lou a, hong chau hiaihiai hi in ka thei hi. Ka u Lian in hun tamzaw ah giahpih a, Lamphel a om u Thanglunmung' inn khawng leh a lemtanna khatpeuh ah tuilum leh an khawng la zel in om uhi. Midang tamtak in leng hon panpihkha ua, kisuanlahhuai mahleh kipahhuai ka chi mai ding.

Ka u hong chau hiaihiai a, huchi in a kal khek ngai hon chi uhi. A kal khekna ding a sum tampi bei ding chi in doctor in hon gen a, "Sum tampi petmah na nei uhia?," hon chih lamtak leng ka theilai hi. Nekkhop leng ngahlahte a kihih man in gen ding a tam hetkei. "Ahihleh a kal bang kou unau pasal nih om ka hihna uah pe theile ung ahithei diam?," chi a ka dot nawn chiang un huai leng gen haksa ahi chih dawnna kingah hi. Kibeidong deuhdeuh a, atawp in lametna om nawn lou chi in Lamka lam ah kikik hi. Lamka a Tangnuam khua a ka inn uh ka luut ding kuan un ka u in, "Chidam a khe a dinsa a kikuankhia a tua ding thei lou, lumsa a inn luut ding chih mawk! Nak lithuai na e!," chi vungvung mai hi. Ahitak a gen in, amah kiang ah lametna a bei ziak a kik ka hihlam himhim uh ka hilh ngam kei uhi. RIMS ka pawtsan nitak ua Imphal a ka omna mun a ka giah hun un leng ka u ka hehpih mahmah a, kei kia in ekbuk ah a guuk in ka va kap hi. Ka lawm Singkhanmang p/m R. Sanga in hong thei a, hon khem hi.

Huchi in, a zingchiang in Lamka lam ka zuan uhi. Pa R. Sanga in gypsy gari a neih tuunglai hi ven, a gari hon zangsak a, a naupa Pa L. Ruata in hon heek hi. Gari tui leng ka thun tuankei uh. Himahleh Pa L. Ruata khut ah bel Rs. 500 ka pia ua, la ut kei dek mahleh kipah etsakna ahi chi in ka pe teitei uhi. Lampi ah hattak in leng ka tai ngam kei ua huchipi in nitaklam in Tangnuam a inn ka tung thei khong uhi.

Ka u in a kal kisiat ziak in a naa thuaktou in thuum huthut sek hi. Damsuah ding ut leh kilamen lotel ahihman in zun a thak teng in suang a keta hia chih a kiim a omte bandot sek hi. Zan bang a sawt thei mahmah mai a zingkhua hong vak ding kal ka ngaklah thei mahmah mai uhi. Khosung a Young Paite Association (YPA) mi-le-sate bang ka subuai zou mahmah mai uhi. Huchi a bangtanhiam a thuak nung November 4, 2004 in ka u ittak un a tangtawn mun ding hon zotsanta hi. Amah a om nawn louh pen kuapeuh in kipawnaa mahleh ka nu leh ka pa'n pawnaa diak uh hi in ka thei hi. Huai nungsiah nidang bang in a kipahnate uh leng bukim taktak zou nawn lou hi in ka thei hial hi.

Hiai anuai ah Keishampat, Imphal a ka pindan sung a April 16, 2005 zankim dak 12:00 a thawmhau kawmtak leh ngai mahmah kawm a ka u ka phuahna laa ka hon koihkhia hi.

KA CHIIN-GIN AW

(1)
Kulsin tang di'a lawm lou ka chiin-gin aw,
Ziin doh-ai vang hiam aw, sesum phung chin louh man?
Tuang nung na siah pal lua sa'ng e.
Dou zou la'ng e, lai ah naa lua sa'ng.
(2)
Muikhia hong ziing a lengkhuang hong daih chia'n,
Tuang nung na siahsan tun-le-zua leh laizom na tuaite'n;
Zanchin sambang na zalna laikhun hawm sa in,
Na vang mubang ngai'n maimit sing moh ung.
(3)
"Bawi aw, Muan aw. Na nuachiang ah,
Bangchi'n machiang ka hon suan ding ua aw...?"
Tunnu naubang kap in siahkun ah zuapa'n nem.
Lailung hawm e, khamkha'n ka vei loh ding bang e!
(4)
Chiin-gin aw, na nuachiang ah na tuaite'n
Zalmang a na sakmel leh tongdam ka saan thu uh;
Houlung kikum in tak simthu hileh chi lua ung,

Hizong khang thei bang loh chia'n mei bang theng, lakmai
luankhi'n zeel.
(5)
Laitual leeng a lengual toh houlung kum, nuihchiam ka leel
zong,
Selung hawm lua e, omlai vei ka hiam aw!
Na sakmin thei bang lohna peuh ah,
Luankhi dai in houlung kup lawp lou e.
(6)
Na vang mu bang k'on ngai zong un, chiin-gin aw.
Zuapa Abraham' angsung, nat-le-sat om louhna mun a,
Nunnuam sawl bang hei ding hi chi'n selung muang ung.
Hizong tuang nung na siahsan tun-le-zua leh na tuaite di'n,
Na vang ngaih puan bang baan nep lou e.
Sian aw, hambang hon huai in!

XII
KA NU MAHMAH IT ING!

Gelhtu: Valte Ginkhenpau
(A tate lak a upapen lina; a tapate lak a athumna)

Khovel siamsinna innte ah sangpi lehkha a na sim kei mahleh ka nu Niangvung tuh taksa khosakna toh kisai in Master of Business Administration (MBA) zousa bangtuk ahi ka chi hi. Unau pasal li leh numei li, ka vek ua unau 8; ban ah, ka nu leh pa toh ka vek ua gawmkhawm a mi sawmkhat geih omna innkuan ka hi uhi. Ka pa a damtheihna a hoih louh ziak in thagum in nna sem zou lou a, himahleh gamlak a meh va zon khawng leh inn a an a na huan chihte a fel mahmah hi. Nektheih bawl bang leng a lunglut a, kawlkaiteh peuh bora in hon kansak zel a, lim ka sa thei mahmah uhi. Ka lawmte bang un leng a hong nekkhak chiang un lim a sa thei mahmah vanglak uhi.

Numei chi lou in ka nu tuh kou innkuan vaktu ahi maimah hi. Ka nu ahihleh bazar tu a meh khawng zuak sek ahi a, kou teenlai hun tan a omkha Singngat khote amah a thei lou vaang sim mahmah ding hi. Bazar tut kia hilou in, inn-inn ah meh zuak in vialdian sek hi. Tuni a kuahiam in inn a meh hong zuak chiang bang in ka nu ka phawk thei mahmah hi. Lamka lam a Tangnuam khua ka tunsuk nung nasan un leng innkuan vaktu a pang in meh khawng mah zuak in a vialdian doidoi denlai hi. Tanau bang leng a thei a, meh zuak kawm in baan theihna ding mi theih a hau a, mi leng a thei tam uhi. Deihsaktu bang leng hau in, akhenchiang in zingkal an nesa peuh in inn hong tung zel hi. Kei hon theichian loute kiang a ka kigen ding chiang in, ka pa ka gen masak sangmah in leng ka nu ka gen masakleh a hon theichian baih zaw uhi.

Zingkal dak 4 hiam ahihkeileh dak 5 hiam in thoukhe pah vitvit a, a hanawtna a kisiat keileh kintak a nawt molhmolh in meh zuak ding la ding in kuankhe pah vingveng sek hi. Zingkal a thoh chiang in kou a thou nailoute hon phawng sek a, himahleh ka thou pah tingteng kholkei uh. Singngat khua a ka omlai un, meh a zuak louh kal in mi singtanglou khawng ah kiloh ding in kuan sek a, kei leng bangzahvei hiamtak hon tonpihkha hi. Kei bel loukhoh ka hat hetkei a, kei ma nasan hon tutsak zou gige mawk hi. Tu khawng a ka ngaihtuah thak chiang in, kiloh ding a a hon kuanpihlai a ka kuannate khawng un kei pen naupang hon sak ban ua nasep kiva lolou ka hih man in hon sit mahmah sim ding un ka gingta hi. Kei zak in bel "nute zui theita, na fel lua" hon chi peuhset uh chihthu ahi a hi ven. Huchibang a a hon tonpih chiang a ka nu'n, mite' ngaihtuahna ding theihkhawlna chiang nei sam mahleh kitheihmohbawl a mi maitang si mai hi dingdan a na hi mawk hi.

Mite gendan in, ka nu bel a nungaklai in melhoih in Aibulon leh Hanship taangte ah na kithang zou thou sam hihtuak hi. Tunai khawng a ka nu' tapa ka hihdan hon mukha khenkhatte'n na nu na sun mahve hon chi ua, khente'n lah nou unau in na nu' melhoihna pha zou lou neive ua peuh hon chi uhi. Pate vual papi khenkhat in ka nu' nungaklai a va helkha uh ahihdan hon gente uh ka thei den a, melhoih a kithang ahi a chih chiang bang un ka lungsim khat a na kipak sim heuhau hi. Ke'n leng ka nu zaw a na melhoih kia hilou a a taksa mahmah leng a na hoih hi ding ahi ka chi thakthak hi. Aziak bel, bangchituk in nisanuai ah nasem gim in om mahleh a kisilkhiak khit chiang in a taksa, a vun pen a ngou ngei in ngou den mawk hi. Kuate hiam bang a kipuah zou a kichei zou hileh sithuai hetlou ding mah hitah e chih khonung in om phing hi.

Kuapeuh in i nute chiat uh hoih sa in, nu hoihpen nei ka hi leng i kichi chiat ding un ka gingta. Huchibang a phat taak lou nupite lah angaihna om loute hi zel ding ua maw chih sim in om zel hi.

Ka nu tuh laisiam lou sapsap ding in tuat, hawm, paih, gawm leh pun chihte amah khom in siam huntawk mahmah mawk hi. Sakhi pum bang sabengte'n hon mat chiang un a ser ding zah vel hisap pah thei a, amah mah in a sa sem vitvit thei mai hi. Hiai sakhi pum khat la leng hiai zah vel bei ding a, ka muhkik ding hiai zah vel hi zou ding ahi chihte bang leng hisap kin mahmah vanglak hi. Sumpi nei khollou sek ahihman in mi khawng toh kithoh in leikhawm zel a, a leikhawmpihte toh a kihawm chiang ua a tan zohna ding zah bang uh hisapkhe chatchat mawk thei hi. Ei a school kai deuh chidan a a hon dot phut chiang bang in kidawngkik pah thei khollou maimah sek hi. Nitak nung a sakhi pum a hon lakkhak chiang in, zankal a a na namsiat louhna ding chi in, chii khawng peuh in zut hi. Akoilak a nichih ding chih a na theih adiam ah chih lah kidongkha lou a, nekzonna ziak a a tuahkhakte apan a a sinkhiak bang leng hikha maithei ahi chih mai ngai hi.

Biakna lam a limsak mahmah a, a dam liaileh bel kikhop ding a thulh ut kei. Innkuan kikhopna bang leng a ngaipoimoh a, Pathianni zingkal a ankuang kikhopna neih ding bang a sawmtu in pang sek hi. Bible ka na sinkhak bang leng amah hon lunglutpihna ziak chi leng genkhial lawmlawm khollou ding ka hi. Tuni tan dong in Pathianni a kikhopna a ka telkhak louh chiang in ka lungsim khat ki-awi thei taktak lou den hi. Ka nu leh pate apan chiindan hoih ka laksawnte lak a khat ahi mai ding e ka chi hi.

Mi paunuam ahi a, kamtei in mi houpih a thasial kei. Innsung pai dingdan, mite toh kal a pau dingdan, sepna a chitak leh ginom ding ahihdan chihte a thei a, a kam kia hilou in a omdan tanpha in leng a hon sinsak hi. Tuchiang a ka ngaihtuahkik chiang in, Singngat apan Lamka a meh zuak ding a a hon tonpihlai a Tedim Road lamlian dung a ka kizuihnate khawng uh huai Bata dawr konglak khawng leng hikha ahi chih ka thei thak hi. Kep kappuakna ding pistol lemte deih a va kizuisuk hi inchin, ka deihte bang lei zou lou hilai. Ka nu bang in sum tampi nei ding sakbawl mawk. Nektheih lianlou hon leisak inchin, ka hop sawmleh ka duh kei chi. Tua i theih thakleh kihawm taak mahmah lou a na hi dingdan hi inchin.

Ka nu pen mi damtheitak ahi a, leikou hetlou khat ahihna ah a chinat zek chiang in leng gengen lou zomah hi. Khatvei a kipukna lam ah a khutngawng hon bohhekkha laizang hi. Huai in a khutngawng neuchik kawisak zek hileh kilawm a, nuamlou chih toh nasep khawl lou in semsem veve hi. Ei bang kihileh huai paulap a nei a nasep ding kithudon nawn lou maithei hi a chih sim in om hi.

A hon beisan ding kuan a a damlouhlai in Lamka damdawiinn ah ka omna Imphal apan ka va delh hi. Hon beisan mai ding sa lou hial in ka patau hetkei mawk hi

Damdawiinn a ka kimuh un hon en kilkel a, a gawng a, a khut khawng a vot in a daang kikeuh hi. A khutchinte kitan lou in sau sim ua, a hon let chiang in hon dawtkha thei hi. Himahleh hon sihsan mawk ding in ka koih kei himhim a, saptuam vai a va phak zualna ding poimoh om ahihdan ka hilh in leng ama'n, "Lunghimoh kei leteh bangmah a na chi hial lou na dingke. Patau kei leteh awl a hong hoih mai ding ka hi," hon chilai zomah hi. Tua ka khonung ngaihtuahkik chiang in hai ka kisa mahmah mai hi. Hon kawi a, a khut in ka khut tegel hon len tinten a, hon ngai mahmah zaw hi eive chih ka thei mai hi. Himahleh, kei mihai khat in, hohna ding khat om chi in ka pawtkhiaksan laizang hi. Ka pawtkhiak nung sawt lotel lou in ka sanggamte'n tongsan zangkhai in hon hilh ua, ka lung hon phawng mahmah mai in ka delhtou pah tingteng hi. Ka tuntak in a sou ka khoih a, a om nawn kei. Nurse-te nih a kiang ah om ua, kei leng a kiang ah va ding in ka nu' taksa vot tuh ka en a, a ngawng ka khoih hi. "Nak poi e!," chih teng ka gen thei lel a, ka lungsim ah bangmah a om nawnta kei. Kah leng omzia om tuanlou chi in vaisai ngai a omleh saifel poimoh zaw phot ahi ka chi lungsim hi.

Huai ni bel December 9, 2008 ahi.

Himahleh ka ute leh ka tanaute uh a fel thei mahmah mai ua, ka nu ittak luang puakna ding khawng hon ngaihtuahkhe pah hiau uhi. Tangnuam khua zuan ding in gari in ka potou uhi. Gari a tuang kawm in ka nau Chennai a om Ngaithianvung pen toh tongsan zangkhai in ka kihou uhi. "I nu maw beita eive, Vung," chih teng ka genleh ka khasiattha hong suak lua in, huai hun apan in kap ka panta hi. Inn tun nung in leng beidong in ka kapkap a, lah ka nu a hong thoukik kei. Ka nu damlai in Tangnuam khua ah 2004 kum in ka u Vumzamuan ka suunta ua, tu'n huai khua mah ah ka nu ka suun nawn uhi.

Kou unau in nu ka na neikha hoih mahmah diak un ka thei. Tu'n hon dampih nawn kei mahleh a hon chiilnate leh omdan a a hon lahte lungsim ah mang ngei nawn lou ding hi. A damlai in zi bang leng nei ding in hon na sawlbawlkha a, "Huchia ngaihzawng nei bang na hihleh neisuk mai leteh eivoi," hon chikha ngei hi. Ka zi neih ma a ka omna Imphal a damlou ka hihlam a zak chiang in hong delh zel in hong giahpih zel hi. Thau kisa sim a annek kidaam ding ka genbawl chiang in ka nu'n, "An ne thei ding a na omlai hampha kisa inla, kidaam ngai lou ahi," hon chi zel hi. Tu'n amah a om nawn kei a, a guuk a ka khavat hun ·tam mahmah mai hi. Ka nu'n a damlai a a hon gen ka theihgigete lak a tamloute:

1. Nuakleh awk zang.
2. Nuak a an na nek kei uleh na gil uh kial ding; nou a choh hilel.
3. Zingkal i thoh baihleh nna tampi kisem man ahi.
4. I hehleh an tampipi nek ding.
5. Laisim hahpan ding. Ei bang inle lai i theih louh ziak a hichia haksatak a nna kisem ahi.
6. Nou lehkha theih zah leh pau theih zah thei leng hichi neng lou ding ka hi.
7. Tua zaw nou bangle lian vekta uh chin ua, hon kimuan lota ahi.

Akhenchiang in ka ngaihtuah zel a, bangpi hikei lengle tuni tan bang ka nu'n hon dampihlaileh ka zi leh tate mu ut law ding a, hon kipahpih lotel ding hi a ka chi hi. Zingkal anhuan ding antang om lou a kuankhia a, neihsa om hetlou napi a, "Denlam chiah ka mehzuakna ah antang hong la un," a chih mawk khawng thupi ka sa thakthak hi. A ginna thupi hi natel e maw! Tu'n omleh zaw thadawn theita ding hi ing a... Mi' nute dandan a auto rickshaw a vialpai ut samkha ding zaw hi a, hinapi a sawm khat, sawm nih a muh sunsunte siit geigei keileh nek ngawl thei ka hi uh chih thei a kisum hikha ding hi a. Ka neih zoh sunsun Pathian' vualzawlna gari khawng a kei kia a ka tai chiang bang in, ka khosakna uh hon na thei mahmahte'n ka nunglam a hon nuihsan ding bang un ka koih hi. Amaute a lungsim sia uh chi dek ka hi kei a, himahleh kipatna phawk nawn lou a nuamtat hon sakkhak ding bang uh lau ka hi zaw hi. Huaiziak in, kei kia bang in khopi sung khawng a, hih ding poimoh om ahih keileh ka mawk vialtai ngam kei; kizephawk in ka guuk zum hi. Khatvei beek ka nu pawkha ut na ing e maw ka chi lungsim sek. Bangteng hileh, ka pa damlai omsun tuh pawkha man ka hihman in ka lungkim veve phot hi. Ka manglam a ka nu ka muh chiang bang in ataktak ding sa in ka kipak thei lotel sek hi. Himahleh, atak hilou, zalmang lel a na hi daih zel hi.

Bangteng hileh, nat-le-sat om louhna misikhua ah, Abraham' angsung a tawldam hi ding a ka gintak man in ka lungmuang hi. Hiai anuai ah, February 21, 2017 a kei kia a Imphal a ka pindan sung a ka omlai a ka nu ka ngaihna hong puan luat huntak a ka phuah laa khat hon koihkhe ning aw.

TUNNU TONGDAM NEMNOU

(i)

Tuun sung pan simlei zilza mizatamte kil bang khangkhia hi e,

Tuun angsung pan seilian simlei mi zatamte aw;

Tunnu ngilh keive ni e,

Tuun angsung pan siamsin ma lou bang pan hi hang.

[Sakkik]

Tunnu tongdam nem mah nempen e,

Tunnu tongluan mah khumpen e;

Tunnu tongkam mah dampen e,
Tunnu tongsuah lunglai ah ngilh di'n pam'h lua sa'ng.
(ii)
Tunnu in senvon kilbang khankhiatna di'n azu-aham thuak e,
Tunnu aw, na von mazam khual chia;
Tunnu in gual toh tanbang ka kim louh ding lunglau e,
Tunnu aw lungliap ke'n, na von machiang suan zel ding hi'ng...
(iii)
Tuun aw kha na kiak ni'n na vontawi nih-thumte ham bang vai lua ung,
Omlai ka veiloh ding hiam sa'ng e;
Kahtam loh ka siam kei zong un hon it lua ung, tuun aw.
Nunlui liamsate sapkik theih hileh chi'ng e, tuun aw.
(iv)
"Lungliap lou aw, bawi, na tuun dam ding hi'ng," chi a n'ong nepna awnem,
Na von sanggah bilkha'h luaiden e;
Kha na kiak ding mel a thei hi leng zaw maw, tunnem aw,
Na siang nuam ah tut ka khawl di'a, houlung i kum ding hi e.
(v)
Na nuachiang ah khattang ka heina gam ah mal bang hon koukou veng,
Zalmang in zong na sakmel mu ing;
Hizong tong hon dawng ding om lou; zalmang lel e, tuun aw,
Thangvan, Sian siang a dawn bang tuah ni ding hai bang ngakla'ng e!

XIII

KA PA'N TEMPAWNG IN SAKHI MAN!

Gelhtu: Valte Ginkhenpau

Singtangmite'n thaang hiam ahihkeileh thau toh gamsa chii tuamtuam a mat uh thil lamdang lua ahi kei. Singtang khosakna leh samat kichi a kizui ngitnget thil ahihman in. Himahleh, tempawng khat a sakhi mat chih mawk pen thilpiang mengmeng lou kia thamlouh, a om vaang mahmah thil ahihman in lamdang mahmah khat suak hi. Ka pa'n a tempawng kia toh sakhipi pum khat a hon mat zoh mawk pen a lamdang mahmah khat ahihban ah ka innkuan uh a ding bik in kisaktheihph tham ching leh thukipahhuai ahi hi.

A kum chet bel thei nawn ke'ng. 1990 leh chihlai kum vel zaw hi peuhmah. Nitaklam khat, aisawk ding a kuankhia ka pa tuh sakhi pum khat toh inn hong tung lunglung mawk hi.

Ka huangsung uh leh ka inn uh luut theihna ding kelkong mun thum ah om hi. Khat pen ahihleh ka zat tangpi uh leh mite a hong pawt chiang ua a hong luutna tangpi uh ahi a, huai pen tumlam pang ah om in kelkong thum omte lak ah a lianpen hi. Simlam pang ah leng kelkong khat om a, huai pen ka biakinn kuanna lampi uh ahi. Adang khat pen ahihleh tui tawi leh school kuanna lampi ahi a, mallam pang ah om hi. Ka gam uh ahihleh Singngat SDO Office lam apat gen a Standard High School paina lampi khoutung dung a om ahi leuleu hi. Mallam pang a luttouhna apan ka kongtual uh tuntouhna ding in lamlian khoubang ah mi khat tatzohna ding lel a lian lampi kawchiktak kibawl hi. Huai apan i kahtouh zoh chiang in ka huangsung uh, ken sim didiai ah paitouh nawn ngai hi. Anunglam in huai munkenna muntak ah ka nite inn ding kilamsak a, huai mun ah teeng uhi. Amau mun dang a inn a luahkhiak nung un huai mun lak ah vokbuk kibawl in vok kikhoi a, kum 1997 leh 1998 sung a namkal buaina om tan in leng vok ka khoilai uhi.

Mallam apan i luut a huai a ken sim didiaina mun i pelhtouh chiang in taklam pang ah zawngtah kung liankhop ana pou a, a kim-le-kiang ah nahtang kung leh zawngtah kung dang khenkhat leng pou hi. Den a kigen zawngtah kung pen toh ka inn uh kikal ah munawng lianlou om a, ka kongtual uh a chih theih mai ding hi. Ka innbang ua kipan lam nih ding khawng lel a gamla ka kongtual uah kawlsing kung bul nih vel poukhawm om hi. Huai kawlsing kung apan tumlam pang lam li ding vel a gamla ah theimul kung leh hai kung pou om nawn hi. Tumlam kelkong apan i luutleh lampi nawl teng ah hai kung saang lawtel khollou bangzahhiam kivualsuk zingzeng a, ka kongtual tan uh kizomsuak zou phial in om suak hi. Huangsung teng ah bel haichi ban ah theikung leh singkung dangdang leng om tamkhop om hi.

Ka pa tuh kipahmeltak mai in, sakhipi khat liangpuak volvol kawm in huai mallam a luut theihna om apan hong suakkhe tou hi. Kou unau lak a kua pen in ana mu masapen ka hi ua chih ka theikhe zou nawn kei. Huai sakhi ka muhtak un kipahna in ka pumdim ua, unau hunkhop ka hihman un a um kheukhou ding khop toh kidaih mi ka om pah uhi. Ka nu pen mehzuaktu khat ahihna ah a zuak ding gamsa hing muang khat a suak pah mai hi.

Ka pa'n huai sakhi bang hon chi mat hi peuhmah ding hiam chih kuapeuh theih nop ahita hi. Huchi in ka dong ua, amah leng a matkhakdan gen ding kilawp mahmah mai hi.

Amah hon gendan apan in huai sakhi tuh ka pa'n a tempawng a a satlup ana hi mawk hi. Tempawng a satlup theih hial ding a sakhi hai koilak a om hi ding ahia chih ngaihtuahna hon pe pah hi. Sakhi i chih gamsa lak a a tai hat mahmah ganggang pawl ahi a, a zuangang toh tempawng kia a mat zoh mawk vual ding hilou ahi chih mi tangpi koihdan leh theihdan ahi hi. Ahihleh, bangchidan a ka pa'n hon man zou mawk ahi ding?

Ka pa bel aisawk, gamvak leh sabet chihte a lunglutlamtak ahi. Huai ni in ka pa tuh aisawk kawm ding in gam va vakkhia hi. A hong kiklam a Galleng Lui a hong tuntak in sakhi khat khoubang ah ana kahtouh sawm in ana pheten hi. Himahleh kahtou zou lou in tolhkhe ding in kisa zel hi. Ahuchih chiang in ka pa'n lapphei man a, huaitak in a sakhi lau in a khunglam ah diangtou ek nawn zel hi. Huchia a hong buai nilouh chiang in, atawptawp in sakhi pen hong gimse gawp khong a, a kahtouhna ding lam en kawm zel leh ka pa lau kawm a en zel in ding hi. Ka pa'n a tempawng lakhia in va naih a, sakhi pen khoubang lam a kahtou ding a kisaklai a zadang ah ban ekta hi. Huchia a zadang a bansak ek chiang in, a thaguite bantan ahihman in, sakhi tuh paithei nawn lou in puk hi. Huai hunlemtang khahsuah lou in ka pa'n a tempawng mah zang in banlum hi.

Tempawng kia toh sakhi hinglai pum khat man zou mi tampi om lou ahihna ah kei mimaltak in ka pa ka kisaktheihpih mahmah mai hi. Vaang thu hithou mahleh, ka pa'n a damsung a mang ngei nawn lou ding thil khat semsuah chu ahi ka chi hi.

Tuni tan a tempawng toh awlsamtak a sakhi man zou ka theih omsun amah, ka pa kia ahilai hi.

XIV
ZUAPA TOH KHOLHKHAWMLAI NUNLUI NGILHMOHTE

Gelhtu: Valte Ginkhenpau

Ka pa'n tua hiai thu ka gelh hun tan in hon dampihlai a, kipahhuai ka sa hi. Sawtpi hon dampihlaileh chih ka thuumna ahi chih ka gen masa nuam hi. Tu chiang in kei leng, Pathian' vualzawlna leh ompihna toh, pa khat ka hong hihtaak ziak in ka pa toh niteng-hunteng in ka kithuahkha thei nawn mangkei uhi. A biiktak in, pawl kua ka sim kum apan Lamka leh Imphal khopite a omkhiaksan ka hihna ah, huai nung ngial bang tuh a vangkim lel a kimukha in ka kithuah tawm mahmah uhi. Himahleh, huai ma teng bel ka pa nung ka na naak zuihkha mahmah chih ding hi.

Ka pa leh kei:

1. Laisim a lunglut.

Ka pa ahihleh laisim lunglutmi ahi. Tuni chiang in kum 80 val hialta mahleh laibu a muhkhak taphot vel louh a nei naikei hi. "Thaikawi Leelpi" bang leng simsuak sipsip sek hi. Sappau hi in eipau a kigelhte hitaleh sim nuam a sa a, thallup kawm a laisim bang nuam sa kholdiak in ka thei hi. A ging susu khawng a amah zakkhop lel a a simkhiak hun a om a, huailou in a ngaihzaw deuh bang in leng kei leh ka sanggamte zak ding bang in leng simkhiak thangsak hi. Ka theihgige a chiindan khat tuh, laibu sim kawm a thallup zitzet inchin, a laisimlai bang ihmutsan. A laibu a awmlak a koih inchin a mitbulh bang sawi deidoi lah kekhe hial lou in om sek hi. A nakging doldol hun bang leng a om. A kiang a lum kawm a a laibu simkhiakte ka ngaihkhiak chiang in kei sang bang in amah ihmu masakha zaw sek hi.

Singngat a ka omlai uh ahi a, Imphal lam a va zinkhak chiang bang in ka ni' tapa u Muanthang' simsa Success Review chihte bang hon paw sek a, huaite apan in kei bang in leng IAS Topper Talks To You chihte ka na simkha sek hi. Huaite ziak khawng a diam ah, kei bang leng ka neulai in Indian Administrative Service (IAS) hih ka na utkha ngei teisam hi.

2. Exam questions ama'n hon dong thak sek.

Ka neulai chi leng, pawl thum khawng ka hih apan pawl giat ka sim tan in leng, school lam a exam ka neih peuhmah chiang un ka pa'n inn ka tun chiang in ka question papers hon na kan pah sek hi. Ka piak zoh chiang in a dotnate khenkhat hon simkhia a, a dawnnate ka dawn dandan in amah mai ah ka genkhe zel hi. A diklou omkhak chiang in hon hilh zel a, mathematics lam bel pawl saangzaw lam ka hih in hon dong nawn kholkei. Ka khonung theih thakleh, amah leng maths a na chau mahmah hihtuak hi. Huaiziak mahle a diam ah, kei mah leng ka chau a, haksa ka sakpen leng ahi hi. English leh a simthoh lamte ah bel kei khom in ka bawlthei thou sam hi.

3. Teacher-te' hon notes piakte hon simsak zel.

Ka pa'n ka sinsaktute uh hon piak notes teng hon simsak zelzel hi. A simkhak loute leng, ka laisim chiang a a guuk a a na ngaikhe zel a diam ah, a grammar diklou omte bang hon na soiselsak in a dikte hon hilh zel hi. Grammar bang leng amah khom a a na siam huntawk thou ahi chih ka khonung theih thakthak hi. Ka hong let nung a sappau a thu ka gelh chiang in, amah toh ka omkhawm peuhleh ka simsak masa zel a, bawldik tuak a sak bang om sek hi.

4. Atta in nek ding hon bawlsak zel.

Ka naupanlai in atta in kou innkuan nek ding thil tuamtuam hon bawlsak zelzel hi. Amah ahihleh sepaih a na pangkha ngei ahi a, huailam khawng a a nek sekte uh khawng hon bawlsak hi ding in ka ngaihtuah hi. A khenchiang bang in huai a atta meklum huante bang an ding in ka sen zel ua, lim thou in ka thei hi. Bora khawng leng hon kansak zel mahleh kei bel hiaite bawl ka lunglut kei a, tu tan in leng ka hih naikei. Himahleh a nek bel ka kilawp mahmah.

5. Sabeng leh thaangkam in hon kuanpih.

Ka pa bel sabet leh gamvak chihte ut mahmah hi. Khatvei tuh khomui zuul in suaklu hon va taanpih a, huai pen ka sa taan patna ahi hi. Hong suakleh zaw kaap ngeingei ding hi ven. Ka sa taan nihveina tuh 2021 January kha a Aibulon khua a kou innkuan leh ka innpite uh ka va zinlai uh ahi hi. Kum sawmnih val nung chihna suak eive. Hiai a nihveina ni a zawng lianpi khat hong suak thulthul pen in hon naih zawk deuh ding ka ngakna lam a a hon muh man poi ka sa mahmahve. Huchi keileh kaapthal chet mai ding hi ing a. A thumveina ahihleh ka Aibulon zin sung mah ua ka pu Siampu Tonsing toh singgah ka va taan uh ahi hi.

Sabeng a amah kia a a kuan chiang in ka pa'n sa hon man mun kholkei a, hilehleng a mat hun bang leng om sam thou hi. Khatvei bang tuh sabeng a kuan leng hilou napi in a tempawng in sakhi khat hon man ek maimah hi. A sabenna lam a thiltuah lamdang tamtak a neihte a gen chiang in ngaihnophuai thei mahmah a, sikha tuakkha a chihte uh hi ding a ka gintak pawl leng tampi om hi.

Thaangkam bang leng ka pa utlamtak khat ahi. Be-aithaang khawng ka kam ua, ngal leh sakhi thaang khawng bang leng ka kamkha uhi. Lounawl apan innlam a ngalkhaat sa khatvei ka puak lamtak uh tuh ka thei denve. Inn kiang khawng ah leng a kamdan hon hilh bang in ka ute'n thaang hon kampih zel ua, keipuang khawng bang ka man zel uhi.

6. Ka pa'n hon khualzinpih sek.

Ka naupanlai in singtanglam ah khe khawng in ka pa'n hon zinpih sek hi. Behiang khua lam tawn in Ngalzang khua leh Mualkawi khuate bang ka phakha ua, lamkal ah leng khua tamtak ka tawnkha uhi. Guite Kual bang leng ka tawnsuakkha sim ua, Tipaimukh Kual lam chi leng Thanlon lam bang ah leng ka zinkha uhi. Thanlon a ka papi Haukhogin Valte' inn a ka va tun lamtak bang uh tu tan ka theilai hi. Tu nung a hiai khuate khenkhat ka va totkhak chiang in ka mangtheihlai mialmial a, lunglenhuai a bang thei simsim hi.

7. Lou giakkhawm.

Ka pa toh ka hunzatte uh lak a khat nawn ahihleh lou giah ahi. Singngat apan Sekngal gam khawng a lou va kisiim zel hi ven, huai hunlai bang in ka pa toh lou ka va giakkhawm zelzel uhi. Nuam ka sa a, lounawl khawng a gua va saat in chiangkhenei, seeng, chihte khawng gat ka kizil a, tuni tan in ka gan theilai hi. Hon sinsaktu ka pa ah a, amah bawl theih teng bel ka bawl thei sim hi.

8. Gamlak meh zon.

Ka pa lunglut mahmah dang khat tuh gamlak meh va zon chih khawng ahi. Pateh om hun chiang bang in hon tonpih zel a, papak a hawina mun khawng ah ka va bot zel uhi. A puakna ding chi in gamlak a guate saat in seeng ka gan tawm zel uhi. Pasi khawng ka zong zel ua, patoktonol khawng leng ka tuakkha zelzel uhi. Loutul khawng ah leng ka vak zelzel ua, meh ding ka muhte uh kawlzal khawng peuh in ka paw zel uhi. Luidung zui kawm in uilusin, singthupi, nahtangum, gotuai, khangkhuh, anphui, leh a dangdang khawng pua in inn ka tung zel uhi. Huchibang a ka puakte uh ka nu'n Singngat bazar ah tutpih zel a, midangte apan laksawn hilou a hih man in thaman mahmah suak hi.

9. Homoeopathy tamlou ka theiloh.

Allopathic damdawite kithang mahleh Homoeopathy bel eilak ah nidang in a na kithang khollou hi. Ka pa'n a sepaih pan sung in va zilkha a, huaite kou innkuan sung leh midangte lak ah naktak in zang hi. A damdawi tuite pen chikhum, ngou kikel, lianlou lak a hel sek a hih man in, huai a tangte kiangkegah toh tehkhin in mite'n "Kiangkegah Zuakpa" chi uhi. A khenchiang in "Hompatic Daktol" chi in leng gen sek uhi. Eilak ah naktak in hiai damdawite zuak in chiklai hiam in a na nak zin mahmah sam a, a na minthanloh zou sim hi. Naudop bang leng siam vanglak a, a nu sung a naungek sawi omte bang leng heisiam vanglak a hi ngei ding a mi hunkhop aa heisakkha hi. Ka nu'n ka naute a paailai nite in leng a bawlsak zel lamtak ka theilai hi.

Damdawi zuak a hon tonpihkhak chiang in a chikhumte hon nesak zel a, ka lungkim thei mahmah hi. Kei kia leng ka hi tuankei; khua a ka va tunnate uh naute bang in leng lim a sa thei mahmah uhi.

10. Tangthu hon hilh sek.

Ka pa tuh khangthu gen leh tangthu gen chihte thangsak mi hi in ka thei. Nidanglai tangthu ka theihte amah apan ka zak a hi tangpi hi. Khupching leh Ngambawm tangthu bang a laa toh hon sakhawm daldal zel hi. Huaibang mah in, Lengtonghoih tangthu, Thanghou leh Liandou tangthu chihte leh a dangdang a hon hilh chiang in a laate bang leng sa daldal sek hi. Lasak siam a hikei a, a sakdan leh a kaihdante a dik diam ah chih zaw ka thei kei. Hilehleng mi dang apan za tam lou ka hih man in kei a di'n tuh a hon hilh dandan leh a sak dandan pen a dik a hi vek mai hi.

11. Thugelh leh thugen a hon makaih.

Ka pa tuh nidang in Preacher bang in leng a na pangkha ngei hi. Singngat khua a Pa Vumkhotuan' inn a nitak teng a thugenna a neihlai nite in ka neulai mahmah a, a kuankhiak dek chiang in ka nu toh kizui pawt ua, "Hichi in a na om unla, hong pai pah ding ka hi uh aw," hon chi zel uhi. Ka ute makaih in inn ah kou laisim in ka na om uhi. A thugenlai bang suang a va deng pawl leng om ngeidan ahi.

Ka pa'n tuni tan in leng Pathian thu toh kisai Khrist' Sawltak kichi khateng tanchinbu ah a vangkim in thugelh pe sek hi. Hichibang a thilhoih a na hihkhakte enton ka hi ngei ding a, kei leng thugen leh laigelh ka lunglut hi.

12. Mi toh houlim nuamsa.

Ka pa tuh mi polh siam lua in ka thei kei a, himahleh mi amah theikhate'n ngaina pahpah un ka thei hi. Lawmpolh siam lou ka sakna khat bel, mi amah ngaina a inn a hong lenglate bang nna peuh sepsan in, "A na tu un aw," chi peuh in pawtkhiaksan thei bilbel mawk hi. Ahi a, anhuan kawm khawng hiam ahihkeileh zinkhiakna a neih chiang khawng a a tunnate toh a houlim chiang in gen ding hauthei mahmah thepthup hi. Mite bang in leng a sepaih panlai thute leh a houlimna thute ngaihnophuai sa thei mahmah vanglak uhi. A tapa khat ka hihna toh amah apan ka laksawn tamtakte lak a khat tuh mi toh houlim nuam a sak hi ding in ka gingta.

A dang leng tampi a omlai. Himahleh gelh vek seng ding a hikei. Huaiziak in hiai tan i gelh phot ding. Mihing khat hi sam a hihna ah ka pa'n leng hoihlouhna lam nei ngei ding in ka gingta hi. Huaite ka thei vek kholkei a, midang amah theite'n a thei zaw mai ding uam ah. Himahleh ka theih khat tuh, a lungtom mahmahve. 'Sepaih lungtom' chihdan pian a nei a, huai mah leng kou unau in lasawn ka bang ua, poi sim akhu. Bangteng hileh, ka pa'n hun hon na zatpihte manpha a hihdan ka theichian thakthak a, hampha ka kisa mahmah mai hi. Tu in ke'n leng Pathian' vualzawlna toh tanu khat ka nei samta a, hun tamtheipen zatkhoppih ding ka tupdan ahi hi. Huchia Pathian' zal a a hong nungak a, koppih bang a hon neih a, ta-le-nau bang leng a hon neih hun chiang a gengen theih ding khop a tam nawtsiat ka ut hi.

Nang leng na pa toh na hun zatdante uh gel thak mah dih. Manpha lua mawle. Pa nei loute leh a nei nawn loute'n leng mi tengteng' PA toh i kithuahdante ngaihtuah kikkik ni.

www.ingramcontent.com/pod-product-compliance
Lightning Source LLC
Chambersburg PA
CBHW020719160726
47993CB00006B/2262